Vittnesmål från en medlem i motståndsrörelsen

Raymond Heymann

Published by Raymond Heymann, 2024.

VITTNESMÅL FRÅN EN MEDLEM I MOTSTÅNDSRÖRELSEN

First edition. July 14, 2024.

ISBN: 979-8227248480

Written by Raymond Heymann.

Vittnesmål från en medlem i motståndsrörelsen

Min historia som motståndskämpe i Frankrike under andra världskriget

RAYMOND HEYMANN

Kapitel 1

En familj i Alsace mellan de två världskrigen

Mitt namn är Raymond Heymann. Jag föddes i Strasbourg 1919, en stad som präglas av historia, strax efter att Versaillesfördraget hade ingåtts.

Strasbourg, en stad där ekot från varje sten berättar en historia, där varje gränd tycks viska historier från det förflutna. Mina rötter går djupt i Alsace, där mina förfäder har bott i generationer. Mina föräldrar, far- och morföräldrar och far- och morföräldrar föddes alla här och vävdes in i den rika väv som Alsace historia utgör.

Den alsaciska judendomen, som min familj tillhör, är en gren av den judiska traditionen som sträcker sig längs Rhendalen. Från Basel till den nederländska gränsen kännetecknas den av en mängd små samhällen. Den judiska historien i Alsace är komplex och präglas av förbud och förflyttningar. Före den franska revolutionen fick judar inte bo i städerna i Alsace. De bodde i byar, ofta i utkanten av större städer.

Mina två farföräldrar, som bevittnade denna period, kom från dessa små byar. De föddes in i denna enkla lantliga värld, långt från storstädernas liv och rörelse. Min morfar föddes i Bolsenheim och min mormor i Muttersholz. Byar som viskade om det förflutna, platser där tiden tycktes gå på ett annat sätt.

Alsace historia är nära förknippad med Tysklands, och den tyska ockupationen av Alsace-Lorraine var en viktig vändpunkt. Industrialiseringen följde och förändrade radikalt det sociala och ekonomiska landskapet. Städerna växte i betydelse och lockade till sig ett stort antal judar från de omgivande byarna. Dessa befolkningsrörelser återspeglade djupgående förändringar i de judiska samhällenas liv.

Judarna i byarna, inklusive mina förfäder, hade ofta blygsamma yrken, som boskaps- eller vetehandlare, och till och med försäljare. De levde under osäkra ekonomiska förhållanden och strävade efter ett bättre liv. Dessa berättelser, dessa resor, formade min familj och ledde oss så småningom till Strasbourg, där jag föddes, mitt i en tid av förändring och utmaningar.

År 1870, efter den tyska erövringen, ställdes min familj inför ett avgörande val. Vissa tog det svåra beslutet att lämna Alsace för USA för att undvika tysk militärtjänstgöring, medan andra föredrog att bosätta sig i Frankrike. Under denna turbulenta period hade jag en farbror, född 1852, som vid 18 års ålder var mobil vakt i Strasbourg. Han bevittnade de dramatiska händelserna under den preussiska belägringen 1870, inklusive den stora brand som ödelade staden.

Min mormor, tillsammans med sina bröder och systrar, genomlevde denna omvälvande tid. En av hennes bröder bosatte sig i Remiremont i Vogeserna. Under Dreyfusaffären utsattes han som frisör för antisemitism från garnisonsofficerare som krossade fönstren i hans butik, vilket tvingade honom att flytta till Nancy. Två andra bröder emigrerade till USA, men återvände regelbundet för att besöka familjen.

Min farfar på fädernet kom från Lindgolsheim, en liten by nära Strasbourg, och min farmor på fädernet från Ritzels, nära den tyska gränsen. Under första världskriget köpte min far, som då var tysk soldat, en skoaffär på Grand-Rue i Strasbourg som han drev fram till kvällen före andra världskriget.

Mina föräldrar gifte sig 1913. Jag har deras foton här från 1912. Det här är min mammas, och det här är min pappas.

Skor var min fars specialitet. Min familj hade många olika yrken, men vi var ännu inte akademiker. Vi var butiksägare och mellanhänder. Min far mobiliserades 1914, men eftersom han inte ville riskera livet för kejsar Wilhelm II hittade han ett sätt att bli repatrierad till Strasbourg, där han slutade kriget som soldat i den lokala garnisonen.

Under tiden skötte min mamma skoaffären. Efter kriget kunde min far expandera verksamheten. Mina föräldrar arbetade hårt efter första världskriget för att etablera sin verksamhet. Det var en bra tid för driftiga, hårt arbetande människor.

Jag föddes 1919 i Alsace, en region som präglades av efterdyningarna av första världskriget. Tragiskt nog dog min äldsta syster, Suzanne, 1920 i lunginflammation, en skoningslös sjukdom på den tiden. Det var en oerhörd chock för min mamma, en smärta som aldrig lämnade henne. År 1922 växte min familj när min lillasyster Simone föddes.

När jag växte upp var Strasbourg platsen för mitt dagliga liv, en stad som vibrerar av kultur och historia. Jag fick en klassisk utbildning som kulminerade i studier vid en handelshögskola. År 1936 skickade min far mig till Paris på en lärlingsutbildning hos Chaussures Heyraud, en formativ erfarenhet som förberedde mig för att gå med i familjeföretaget.

Tillbaka i Strasbourg 1937 började jag arbeta i familjens butik tillsammans med min far. Under tiden hade han köpt en annan butik på Place Gutenberg. Vår verksamhet blomstrade, men krigshotet lurade redan vid horisonten.

När det gäller nationell identitet var majoriteten av judarna i Alsace, inklusive min familj, resolut pro-franska. Det fanns ingen uttalad sympati för Tyskland, tvärtom. Denna lojalitet mot Frankrike var djupt rotad i vårt samhälle, utan ambivalens eller konflikt.

Jag minns ett foto som jag nämnde tidigare, ett foto som illustrerar min familjs rötter och visar vår anknytning till Alsace och till den franska nationen. Vår identitet var tydlig, vår tillhörighet odiskutabel, även i den virvelvind av politiska förändringar och konflikter som formade Alsace under dessa turbulenta år.

Min farbror David, som hade bott i Nancy med mina morföräldrar sedan 1900, blev naturligtvis inkallad till den franska armén under första världskriget. Hans lätta benskada hindrade honom från att gå till fronten, så han tjänstgjorde i eftertruppen under hela konflikten.

Min far tjänstgjorde i den tyska armén, i enlighet med de militära skyldigheter som ålänningarna hade vid den tiden. Detta var aldrig en källa till familjekonflikter. Trots sin tyska uniform var min far, liksom många judar i Alsace, djupt pro-fransk. Denna lojalitet mot Frankrike var naturlig och ifrågasattes aldrig.

Min uppväxt ägde rum i en unik kulturell blandning. Mitt modersmål är franska, men alsaciskan, den dialekt som är så karakteristisk för vår region, var en viktig del av min språkliga identitet. Jag var perfekt tvåspråkig och pendlade mellan franska och alsaciska med lätthet. Tyskan var visserligen bekant, men inte det språk jag föredrog.

I hemmet var samexistensen mellan franska och alsaciska naturlig. Min mamma, som hade vuxit upp i Nancy, talade oklanderlig franska, medan min pappa, även om han inte talade franska lika flytande, också kommunicerade på franska. Familjesamtalen var en flytande blandning av dessa två språk, utan någon medveten ansträngning. Vi talade aldrig tyska, eftersom ingen i familjen hade några verkliga kunskaper i det språket. Denna språkliga atmosfär speglade den alsaciska judendomen, förankrad mellan två kulturer, men resolut vänd mot Frankrike.

Jag lärde mig tyska i skolan, men det var skilt från min judiska uppväxt, som jag kommer till nu. Judendomen i Alsace var djupt traditionell, rotad i seder och bruk. Det måste dock erkännas att vår nivå av judisk kultur och kunskap var ganska begränsad. Medlemmarna i vårt samhälle visste hur man läste hebreiska, följde bönerna och iakttog kashrutlagarna. Men deras förståelse sträckte sig inte längre än till dessa praktiker. Denna klyfta bidrog sedan till en viss assimilering och en ökning av antalet blandäktenskap.

I min familj följde vi judiska traditioner med en viss flexibilitet. Även om affären var öppen på sabbaten rökte min far, som var storrökare, aldrig på den dagen. Inte heller reste vi på sabbaten. Detta var naturligtvis motsägelsefullt, men det speglade en obestridlig hängivenhet till traditioner, som mina föräldrar lyckades föra vidare till min syster och mig.

Vi iakttog de judiska högtiderna och Shabbat firades på traditionellt sätt, med besök i Bet HaKnesset. Men det ekonomiska och sociala livet medförde sina begränsningar. Jag gick till exempel i skolan på sabbaten, vilket illustrerar den blandning av tradition och modernitet som kännetecknade vårt liv.

När det gäller den sekulära utbildningen fanns det inget alternativ till de statliga skolorna. Det fanns en judisk grundskola i Strasbourg, men den uppfyllde inte förväntningarna hos de judiska familjer som ville ha en högkvalitativ utbildning. Min syster och jag gick i skolan, både grundskolan och gymnasiet, med icke-judiska kamrater. Denna skolgång var representativ för vår integration i det vanliga samhället, samtidigt som vi behöll en koppling till vårt judiska arv.

I den miljö där vi levde var interaktioner mellan judar och icke-judar vanliga. Även om det fanns antisemitism var det inte ett stort problem i vårt dagliga liv. Vi hade aldrig några allvarliga problem med den. Jag hade icke-judiska vänner, men våra relationer hade sina gränser.

I vårt hus var nära vänskap främst med andra judiska familjer. Med icke-judar fanns det alltid en punkt bortom vilken relationen inte utvecklades. I vårt hyreshus fanns det till exempel en vaktmästare, en beundransvärd kvinna som mina föräldrar tyckte mycket om. Hon hade arbetat för mina föräldrar innan hon gifte sig och hade behållit en stark koppling till vår familj. Hon hade en liten dotter, och vid jul brukade vi gå till deras julgran och ge dem en liten present. Men våra kontakter var begränsade till dessa artighetsfraser.

Judiska högtider som Hanukkah firades uteslutande inom vårt samhälle. Vi bjöd inte in icke-judar till dessa firanden. Denna uppdelning av sociala och kulturella sfärer återspeglade verkligheten på den tiden och i vårt samhälle i Alsace. Våra traditioner och sedvänjor bevarades inom vår familj och vårt samhälle, samtidigt som vi upprätthöll en respektfull samexistens med våra icke-judiska grannar.

I Strasbourg var det judiska samhällslivet mycket närvarande och aktivt. Min syster och jag brukade gå till Talmud Torah på torsdagar och söndagsmorgnar, på skollov. Men den undervisning vi fick där var ganska grundläggande. Jag minns min bar mitzvah 1932, då jag läste tre verser från Sefer Torah utan att riktigt förstå deras innebörd, eftersom det inte fanns någon djupgående förklaring. På den tiden var jag förmodligen mer intresserad av gåvorna i samband med händelsen än av själva den religiösa betydelsen.

Samtidigt fanns det mycket aktiva judiska ungdomsrörelser i Strasbourg. De judiska scouterna var till exempel väletablerade på 1920-talet. Det fanns också sionistiska ungdomsrörelser, som var aktiva före, under och särskilt efter första världskriget. I synnerhet Keren Kayemet var mycket aktiv. Nästan varje judisk familj hade koffertar för att samla in pengar till Palestina, och de flesta människor var välinformerade om situationen där. Vårt personliga engagemang i dessa rörelser sträckte sig dock inte längre än till dessa grundläggande samhällsaktiviteter.

Denna dynamik återspeglade ett tydligt engagemang för vår judiska identitet och för den sionistiska saken, men i begränsad omfattning, med fokus på traditionella sedvänjor och stöd till samhället snarare än ett aktivt och djupgående deltagande i politiska eller religiösa rörelser.

Även om jag aldrig var engagerad i en ungdomsrörelse, gick min syster med i de neutrala flickscouterna i Strasbourg. Denna åtskillnad mellan "neutrala", katoliker, protestanter och israeliter var vanlig i ungdomsrörelser vid den tiden och återspeglade stadens kulturella och religiösa mångfald.

Strasbourg, med sitt dynamiska och aktiva judiska samfund, har alltid varit ett centrum för ett intensivt kulturellt och religiöst liv. Staden var en smältdegel av traditioner och innovationer, där olika trosinriktningar samexisterade, var och en med sina egna organisationer och aktiviteter. Denna livlighet var särskilt märkbar i det judiska samfundet, känt för sitt engagemang och sin vitalitet.

Min systers deltagande i de neutrala flickscouterna var en berikande erfarenhet som gjorde det möjligt för henne att fördjupa sig i en sekulär miljö samtidigt som hon behöll kontakten med vårt kulturella och religiösa arv. Det speglade en balans mellan vår judiska identitet och vår integration i samhället i Strasbourg, en balans som kännetecknade livet för många judiska familjer vid den tiden.

En av de viktigaste händelserna för Strasbourgs judiska samfund före andra världskriget var utan tvekan byggandet och invigningen av den stora synagogan på Quai Kléber. Denna synagoga, en imponerande och prestigefylld byggnad, invigdes i början av 1900-talet, omkring 1901 eller 1902, även om det exakta datumet undflyr mig. Den utgjorde en viktig vändpunkt för vårt samhälle och symboliserade både vårt välstånd och vår integration i staden.

Innan denna stora synagoga byggdes brukade det judiska samfundet samlas i en äldre, mer blygsam synagoga på rue Sainte-Hélène i Strasbourgs gamla kvarter. Men i takt med att den judiska befolkningen växte blev detta utrymme för litet. Den nya synagogan, som byggdes i ett snabbväxande distrikt inte långt från den centrala marknaden, blev snabbt en symbol för stolthet för oss alla. Dess synliga och centrala läge i staden återspeglade den judiska församlingens växande närvaro och betydelse i Strasbourgs liv.

Det är viktigt att notera att mellan 1870 och första världskriget anlände många tyska judar till Strasbourg. Denna invandring bidrog till den kulturella och religiösa berikningen av det lokala judiska samfundet och förde med sig nya perspektiv och traditioner. Den stora synagogan på Quai Kléber, med sin majestätiska arkitektur, förkroppsligade denna utveckling och blev ett viktigt centrum för det religiösa, sociala och kulturella livet för judarna i Strasbourg.

Den tyska judendomen, känd för sin entreprenörsanda när det gäller judiska institutioner, hade en betydande inverkan på Strasbourgs judiska samhälle, särskilt under den tyska ockupationen. Det var under denna period som de viktigaste judiska välgörenhetsorganisationerna i Strasbourg grundades, ofta på initiativ av och med stöd från tyskjudiska familjer.

En viktig klinik inrättades, liksom en skola som kallades "arbetsskolan". Denna skola spelade en liknande roll som ORT under senare år. Barnhem, ett för pojkar och ett för flickor, grundades också, liksom andra mer specifika religiösa verk. Dessa institutioner stöddes till stor del av tyska familjer, som var generösa och proaktiva när det gällde att finansiera offentliga arbeten.

Andra anmärkningsvärda prestationer inkluderar Hospice Elisa, ett äldreboende som grundades till minne av en dotter i familjen Ratisbonne. Denna familj är särskilt intressant: på 1800-talet reste en av bröderna Ratisbonne till det heliga landet och konverterade till kristendomen och grundade orden Sions systrar. En annan bror, ordförande för konsistoriet i Strasbourg, skapade Hospice Elisa för att hedra sin dotter som dog ung. Detta hospice, som fortfarande existerar, har utvecklats avsevärt under årens lopp.

Denna utveckling vittnar om det djupa engagemanget hos judar, både lokala och tyska, för sitt samhälle i Strasbourg. Deras generositet och initiativförmåga spelade en avgörande roll i skapandet av institutioner som inte bara tjänade det judiska samfundet, utan också berikade det sociala och kulturella livet i staden som helhet.

I Strasbourg fanns det ingen strikt åtskillnad mellan tyska och alsaciska judar. De var en del av det som kallades den stora gemenskapen eller den konsistoriella gemenskapen, och det fanns ingen betydande skillnad i deras religionsutövning eller sociala integration. De tyska judarna i Strasbourg var inte många. De var huvudsakligen industrialister eller personer som var knutna till makten och hade ett visst inflytande.

Östeuropeiska judar, Ostjuden, kan också ha varit en del av samfundet, men de särskiljdes inte som en separat grupp inom konsistoriesamfundet.

Det är sant att det i Strasbourg mycket tidigt bildades ett samfund med strikt observans. Detta hände när orgeln infördes i Strasbourgs största synagoga. Detta fenomen, där en grupp vägrade att införa orgeln, var vanligt i Tyskland och ledde till skapandet av en egen gemenskap, känd som Ost-Streitsgemeinde. Denna splittring återspeglade skillnader i religiös praxis och förståelse av judendomen, snarare än etniska eller nationella skillnader.

Strasbourgs judiska samhälle var verkligen mångskiftande. Förutom den huvudsakliga konsistorieförsamlingen fanns det en strikt observant församling, liksom en Ostjudenförsamling som gradvis utvecklades. Dessa olika samfund samexisterade, vart och ett med sin egen praxis och sina egna traditioner, och det fanns tre olika minyanim, eller bönegrupper, i staden.

När det gäller min familj brukade vi gå till den historiska synagogan på Quai Kléber. Vi bodde i ett kvarter cirka 20 minuter från synagogan. År 1923 köpte mina föräldrar en byggnad i det nya distriktet, och det var där vi bodde.

Andra världskriget skulle medföra djupgående och förödande förändringar, inte bara för vår familj utan för hela det judiska samhället i Strasbourg. Denna period markerade en avgörande vändpunkt i vår historia, då våra liv och vårt samhälle skulle prövas på ett sätt som aldrig tidigare skådats.

År 1938 var spänningarna inför andra världskriget påtagliga, och år 1939 präglades av alltmer oroande tecken, som Anschluss och invasionen av Tjeckoslovakien. Mina föräldrar, som förutsåg de kommande problemen, hade vidtagit försiktighetsåtgärden att hyra ett möblerat hus i Vogeserna för att tillbringa semestern i, samtidigt som de också övervägde möjligheten att använda det som en tillflyktsort om det skulle behövas.

Kapitel 2

September 1939. Order om evakuering

När den 1 september 1939 kom tvångsevakuerades Strasbourg, tillsammans med andra städer nära Rhen. Min far hade redan tagit min mor, syster och farföräldrar till detta boende några dagar tidigare. Min far och jag följde med under den officiella evakueringen. Vi tog med oss vad vi kunde och försökte bevara våra mest värdefulla eller nödvändiga ägodelar så gott vi kunde.

Så vi befann oss i Gérardmer, en plats som skulle fungera som en tillfällig fristad från osäkerheten och farorna i det hotande kriget. Det var en period som markerade en vändpunkt i våra liv, som förde oss bort från hemmet och kastade oss in i en osäker framtid. Vår familj, liksom så många andra, ställdes inför den akuta situationen och försökte upprätthålla ett sken av normalitet i en värld som förändrades snabbt och oåterkalleligt.

Ordern att evakuera Strasbourg kom ganska plötsligt, men inte helt oväntat med tanke på de växande spänningarna i Europa. Vi informerades huvudsakligen via radion, som var vår främsta källa till information om externa händelser vid den tiden. Dessutom anslogs evakueringsordern officiellt runt om i staden, vilket gjorde situationen oundvikligen verklig och brådskande.

I beslutet angavs att tåg skulle ställas till förfogande för att ta invånarna till värddepartementen, i synnerhet Dordogne, med destinationer som Périgueux, och Haute-Vienne, med Limoges. Min familj valde dock en annan väg. Min far ägde en bil som gjorde det möjligt för oss att resa till vårt boende i Gérardmer, dit vi redan hade skickat min mor, syster och farföräldrar.

Jag minns familjediskussioner om vad man skulle packa. Det fanns en viss brådska och oro vid dessa tillfällen. Vi var tvungna att snabbt bestämma oss för det nödvändigaste och lämna kvar en stor del av våra ägodelar och våra vanliga liv. Det var en svår sorteringsövning att skilja de omedelbara nödvändigheterna från de ägodelar som vi var fästa vid. Besluten måste fattas snabbt, eftersom det fanns en ständig tidspress och en snabbt föränderlig situation.

Den påtvingade evakueringen innebar en djup omvälvning för vår familj, vi rycktes upp från vår invanda miljö och kastades in i en osäker framtid. Det var ett hastigt farväl till vårt hem, våra vänner och det liv vi kände till, utan att veta vad framtiden hade att erbjuda.

Evakueringen av Strasbourg, en normalt livlig stad, var total och absolut nödvändig. Ordern var tydlig: alla skulle lämna staden, med undantag för vissa viktiga inrättningar som restauranger, sjukhus och, naturligtvis, militära trupper. Endast de som hade särskilt tillstånd från de franska militära myndigheterna var undantagna från detta direktiv. Denna åtgärd, som vidtogs under den franska regeringens beskydd, var ett tecken på det förtroende som Maginotlinjen åtnjöt. Invånarna, inklusive jag själv, var övertygade om dess effektivitet när det gällde att skydda oss från tyska offensiver. Detta förtroende underbyggdes också av vår tro på general Gamelin, ledaren för den franska armén. I våra sinnen var Maginotlinjen ett ofelbart bålverk, en garanti för säkerhet i dessa osäkra tider.

Syftet med att evakuera Strasbourg var inte bara att skydda militära områden, utan också att vidta försiktighetsåtgärder för att minimera antalet civila offer i händelse av en bombning. Denna åtgärd syftade också till att frigöra utrymme för militära manövrer, så att närvaron av civila inte skulle utgöra ett hinder.

Inför denna situation var vår familj tvungen att stänga butiken. Vi tog nyckeln och lämnade kvar det mesta av varorna. Bara det vi kunde bära i vår bil räddades. Det var ett gripande ögonblick, präglat av nostalgi och minnen av mina farföräldrar. Min mormor på fädernet hade lämnat oss 1938, och min morfar på fädernet, som jag aldrig hade träffat, hade dött mycket tidigare, 1905. Dessa tankar lade till ett extra lager av känslor till vår hastiga avfärd från Strasbourg, en stad på gränsen till att bli ett spöke av sin forna sprudlande kraft.

Min mormors död 1938 hade lämnat ett smärtsamt spår i vår familj. Mina morföräldrar bodde tillsammans med min farbror, moster och kusin precis nedanför vår lägenhet. När evakueringsordern kom var de alla tvungna att ge sig av, precis som vi. De lyckades hitta någonstans att bo i Gérardmer, som var en tillflyktsort för många människor från Strasbourg under dessa oroliga tider.

Min farbror hade under tiden mobiliserats i de territoriella styrkorna, vilket lade ytterligare ett lager av oro till vår familjesituation. Trots osäkerheten och rädslan begav vi oss alla till Gérardmer och tog med oss nycklarna till våra hem och företag, som vi inte lämnade under en dörrmatta utan förvarade värdefullt i våra fickor. Denna evakuering innebar mycket mer än ett enkelt byte av plats; det var början på en ny era, full av osäkerhet men också av familjesolidaritet inför motgångar.

I Gérardmer kom vi relativt lätt till rätta, trots de enkla och hårda förhållandena. Staden, som är känd för sin pittoreska sjö och idylliska semestermiljö, erbjöd gott om möblerade bostäder, vilket var en stor fördel för oss och de många andra flyktingarna, främst från Colmar och det omgivande området.

Bland dessa plötsliga flyktingar fanns ett stort antal judar, som vi, som sökte skydd långt från sina hem. Närvaron av en synagoga i Gérardmer var en källa till tröst. Den blev en central punkt i vårt samhällsliv och erbjöd en plats för gudstjänster och sammankomster. Särskilt gudstjänsterna var viktiga ögonblick som stärkte vår känsla av tillhörighet och vår motståndskraft mot motgångar.

Även om erfarenheterna i Gérardmer präglades av krig och evakuering var det också en period av solidaritet och delande, där samhället samlades för att möta de aktuella utmaningarna.

Denna uppryckning var en komplex prövning, som kombinerade de första dagarnas osäkerhet med anpassningens hårda verklighet. Först trodde jag att det skulle vara en sorts semester, en tillfällig förändring. Men mycket snabbt tog de materiella problemen överhanden. Vi var tvungna att organisera grundläggande behov som mat. Vi fick kosherkött från Colmar. Det var bara en av många detaljer, men det symboliserade det ständiga behovet av att anpassa sig.

Vintern i Gérardmer var särskilt tuff. Temperaturerna sjönk till minus 28 grader och till och med minus 33 grader i Robirmont. Jalusierna frös fast på fönstren och toaletterna slutade fungera på grund av frosten. Varje dag var en kamp för att hålla värmen, och att klyva ved blev en rutin som var avgörande för vår överlevnad.

En av de svåraste händelserna var min mormors död i slutet av oktober i Gérardmer. Hon begravdes under ett tjockt lager snö. Berättelserna från den dagen har etsat sig fast i mitt minne och väcker en djup sorg. Graven kunde inte grävas omedelbart på grund av den frusna marken. Vi var tvungna att vänta på en liten upptining. Hans död, vid 81 års ålder, påskyndades av ett antal mindre åkommor som förvärrades med åldern och detta plötsliga ryckande med rötterna. Det var ett ögonblick av djup sorg, blandat med den hårda verkligheten i vår situation.

Dessa erfarenheter, hur smärtsamma de än var, formade min syn på livet och på motståndskraft. Behovet av att anpassa sig till en fientlig miljö, samtidigt som man hanterar sorg och förlust, är en ovärderlig livsläxa.

I Gérardmer tog mitt liv en annan vändning än den jag hade kunnat föreställa mig. Jag hade lämnat gymnasiet för att börja på handelshögskolan och hade avslutat mina studier i slutet av 1935. Så när vi kom till Gérardmer hade jag inte längre någon anknytning till skolan. Det var en stor förändring för mig att gå från en strukturerad och förutsägbar miljö till en osäker tillvaro i denna lilla stad.

Vi bosatte oss i Gérardmer så gott vi kunde. Mina föräldrar hade alltid varit sparsamma och levt anspråkslöst men tillräckligt. Vi saknade inget väsentligt, men undvek alla överflödiga utgifter. Denna vana av sparsamhet visade sig vara avgörande under kriget. Utan regelbunden inkomst var vi beroende av dessa besparingar för att klara av de många svårigheterna. Det var en tid av återhållsamhet, men också av att lära sig värdet av framsynthet och noggrann hantering av resurser.

Varje dag innebar sina egna utmaningar, men tack vare mina föräldrars sparsamhet och framsynthet lyckades vi ta oss igenom de tuffaste tiderna. Denna erfarenhet lärde mig vikten av ekonomisk försiktighet, en lärdom som jag har burit med mig genom hela livet.

När vi insåg att vår vistelse i Gérardmer skulle bli längre bestämde vi oss för att återvända till Strasbourg för att hämta några viktiga saker, både för oss och för mina morföräldrar. Till en början transporterade vi våra personliga tillhörigheter i min pappas bil. Men mycket snart började vi också ta med oss varor från vår butik.

Oktober, november och sedan december passerade, och det stod klart att det var ett onödigt slöseri att lämna kvar vårt varulager i Strasbourg. Vi hade ett betydande lager, särskilt med vinterbeställningarna, som hade varit mycket lönsamma. Vi hade inte förutsett denna situation; vanligtvis skulle vi ha varit tvungna att planera sex månader i förväg för att stoppa beställningar.

Inför denna oförutsedda verklighet beslutade vi att sälja detta lager. Det var en pragmatisk åtgärd som gjorde det möjligt för oss att inte slösa bort dyrbara resurser och att generera inkomster i dessa osäkra tider. Det var en mödosam men nödvändig uppgift som speglade vår förmåga att anpassa oss och möta de utmaningar som omständigheterna medförde. Varje resa tillbaka till Strasbourg var en påminnelse om vårt tidigare liv och ett steg mot att hantera vår nya verklighet.

Vi stod inför en situation utan motstycke. De två butiker vi hade i Strasbourg var fulla av varor. Till en början hyrde vi en fjärdedel av en balsal för att lagra skorna. Det verkade vara en tillfällig lösning, men snart var vi tvungna att hyra hela balsalen i Gérardmer för att få plats med hela vårt lager.

Resorna mellan Strasbourg och Gérardmer blev allt tätare. Ägaren till den buss vi använde tog därför bort sätena för att vi skulle kunna ta med oss mer gods. Vi packade skobuntarna själva och klarade av denna uppgift på egen hand. Under hela vintern gjorde vi många resor, även om jag inte kan säga exakt hur många.

När varorna hade installerats och sorterats i balsalen började vi bearbeta lokala skobutiker för att sälja dem. Vårt mål var tydligt: vi kunde inte behålla de här varorna. Trots svårigheterna lyckades vi sälja en hel del av det, även om det inte var lätt. Vid den här tiden fungerade den franska industrin fortfarande normalt och det förekom inga större militära operationer. Denna period var känd som det "falska kriget", under vilket de tyska och franska arméerna mötte varandra utan att verkligen drabba samman.

Medan vi väntade, utan att veta exakt vad, växte vår oförståelse. Men vår blinda tro på våra militära och polisiära ledare bestod. Det var vår, men situationen förblev oförändrad. Min far och jag tillbringade dagarna med att köra runt i regionen och leta efter köpare till våra varor. Detta oavbrutna sökande hade förvandlat oss, utan att vi visste om det, till kringresande handelsmän. Detta var vår nya verklighet, dikterad av omständigheterna, en roll som vi aldrig hade kunnat föreställa oss att ta på oss.

I maj 1940, med alla de spänningar och restriktioner som kännetecknade den perioden, och trots den bensinbrist som började göra sig gällande, hade vår familj fortfarande kuponger som de kunde använda för att köpa förnödenheter. Detta besparade oss några större svårigheter. Vi körde försiktigt, inte överdrivet eller slösaktigt. Vi tog bara ut bilen för nödvändiga resor, medvetna om behovet av att spara resurser för mer kritiska tider.

Mina föräldrar var särskilt framsynta. De följde en gammal tradition, som är utbredd i judiska familjer, att ha lite guld åt sidan. Guld är en säker hamn som ger en viss trygghet i händelse av ekonomiska eller sociala omvälvningar. De ville inte sälja eller använda guldet omedelbart. De var försiktiga inför framtiden, och med ett hotande krig beslutade de sig för att vidta åtgärder för att bevara det.

Så de hyrde ett bankfack på en bank i Orléans. Detta var inte ett obetydligt val. Orléans var en strategisk stad, längre bort från den frontlinje som hotade i norr. Om situationen skulle förvärras och vi skulle tvingas lämna våra hem, verkade Orléans vara ett bra val för ett potentiellt tillbakadragande. Det låg ganska centralt i Frankrike och gav oss sinnesro inför osäkra tider.

Kort sagt präglades denna period av behovet att planera framåt, att tänka på försiktighetsåtgärder i förväg för att kunna klara av vad framtiden hade i beredskap för oss. Det var mina föräldrars framsynthet som gjorde att vi kunde ta oss igenom dessa svåra tider med lite mer lugn och ro.

Jag minns tydligt morgonen den 10 maj 1940, när min far och jag gav oss av mot Orléans. Mitt under resan befann vi oss i Langres-området, där trafiken stod helt stilla. Luften var tung av ljudet från exploderande bomber, ett säkert tecken på den tyska offensiven som hade inletts den dagen.

Överraskningen var total. Rökpelare steg upp här och var och vittnade om bombernas verkan. Fiendeflygplan fanns överallt, och vi kunde höra den distinkta visslingen från Stukas som dök mot sina mål. Efter vad som verkade vara en oändlig tid upphörde anfallen och vi kunde återuppta vår resa.

I Orléans var uppdraget snabbt avklarat: tillbringa natten i staden, hyra ett bankfack och sedan återvända till Gérardmer. Den ursprungliga planen borde ha verkat enkel, men händelserna tog en dramatisk vändning mycket snabbare än väntat. Tyskarna avancerade i en otrolig fart. Alla hoppades att Marne skulle bli skådeplatsen för ett nytt mirakel, som 1914, men det blev inget mirakel den här gången.

Kapitel 3

Juni 1940. Rekrytering

Under tiden hade armén ringt upp mig. Min kontingent skulle egentligen ha mobiliserats i oktober 1939, men detta hade skjutits upp på grund av brist på utrustning. Slutligen kallades jag in för tjänstgöring den 8 juni 1940, till det 184:e artilleriregementet i Valence.

Händelserna inträffade mycket snabbt. Paris föll den 14 juni, och det var den dagen som mina föräldrar, tillsammans med min äldre farfar, gav sig ut på exodus. En historia som tragiskt nog var gemensam för så många fransmän, som flydde undan fiendens framryckning. När bensinen tog slut hamnade de i Cantal, i Albepierre, där de tog sin tillflykt till en viss Madame Jacomis lada, bland halmen.

Tillbaka i Valence introducerades jag till militär disciplin och hanteringen av 75 mm-kanonen, som vid den tiden ansågs vara den militära utvecklingens spjutspets. Sedan kom general de Gaulles vädjan den 18 juni, där han uppmanade oss att fortsätta striden från England. Det var otänkbart för oss: Frankrike som böjer sig, kapitulerar för Tyskland? Och ändå, några dagar senare undertecknades vapenstilleståndet. Marskalk Pétain blev regeringschef, och det Frankrike vi kände till började försvinna framför våra ögon.

Personligen hörde jag aldrig general de Gaulles vädjan. I barackerna var det otänkbart att denna vädjan, som vid den tiden ansågs uppviglande, skulle sändas ut. Det var bara genom diskussioner, genom utbyten mellan kamrater, som vi blev informerade om denna händelse. Några av oss hade tagit sig in till stan och det var så vi fick veta att en viss överste de Gaulle hade gått ut i etern från London och uppmanat alla fransmän att ansluta sig till honom för att fortsätta kampen för Frankrike, men från utlandet.

Runt den 18 juni började detta nya alternativ, att göra motstånd bortom gränserna, att bli känt bland oss. Vi hade dock varit så vana vid att lita på den franska armén och regeringen att vi inte omedelbart insåg omfattningen av den katastrof som faktiskt hade inträffat. Det var en vision som förvrängdes av förtroende och misstro, men fakta fanns där: den franska armén led stora förluster och många soldater tillfångatogs av fienden, däribland tre av mina kusiner, söner till en av min fars systrar.

Det var först efteråt som jag insåg den fulla vidden av händelserna, oavsett om de gällde armén, fångarna eller situationen för min egen familj.

Tillbaka till Valence-barackerna. En dag fick vi order om att förbereda oss för avfärd söderut. Vår enhet lastades på boskapsvagnar. Vår gemensamma förhoppning var att vi skulle föras till Nordafrika. Där, tänkte vi, skulle vi få möjlighet att ansluta oss till de stridande styrkorna och ta upp kampen igen. Denna idé rådde bland soldaterna, att fortsätta kampen, även om Frankrike föll i tyskarnas händer.

Efter vapenstilleståndet den 22 juni 1940 blev situationen för judarna i Frankrike särskilt prekär. Liksom många andra judar vid den tiden såg jag och min familj inte bara nederlaget som en förlust av vår franska identitet. Det förebådade också en överhängande fara för vår existens. Nyheterna om vad som hände i Tyskland, med underkuvandet av judarna, koncentrationslägren, de godtyckliga arresteringarna och attackerna, var välkända för oss. Denna verklighet var alarmerande, och i och med Frankrikes nederlag höll illusionen om att nationen fortfarande kunde skydda oss snabbt på att försvinna.

Marskalk Pétain, å andra sidan, var en välkänd och en gång respekterad person, "segraren i Verdun", en symbolisk figur för första världskriget. Före kriget skulle det ha varit svårt för någon att misstänka honom för att ha samarbetat med tyskarna. Men historien visade snart hur naiv den tron var. Väl vid makten inrättade han Vichyregimen, som samarbetade med de nazistiska ockupanterna.

I min familj, och i allmänhet i det judiska samfundet, fanns det ingen sympati för Pétain eller hans politik. De Gaulles vädjan hade inte nödvändigtvis en omedelbar inverkan på alla, med tanke på dess till en början begränsade omfattning. För judar och många andra fransmän som uppskattade värden som frihet och motstånd var vädjan dock en strimma av hopp, om än en avlägsen och osäker sådan i det skedet.

Vapenstilleståndet mellan Pétain och tyskarna var inte bara en militär kompromiss; det var också upptakten till en mörk period för judarna. Det fanns en växande känsla av att tyskarna inte bara var Frankrikes fiender, utan också våra direkta förtryckare. Med erfarenheten av tyska flyktingar som anlände till Frankrike visste vi vad som hände och vi hade redan en skrämmande förståelse för vad en nazistisk regim kunde vara. Vi kände ännu inte till hela vidden av det, men vi visste redan att det var en katastrof för oss judar.

Jag litade inte på marskalk Pétain från första början. Bland det judiska samfundet i allmänhet fanns det en instinktiv misstro som delades av ganska många, även om det naturligtvis kan ha funnits undantag. Men på det hela taget var vi medvetna om de faror som regeringens nya inställning till den nazistiska ockupationen innebar.

När vi tog oss söderut grusades snabbt det flyktiga hoppet om att segla iväg för att ansluta oss till de fria styrkorna. Tåget tog oss inte till en hamn utan till ett läger i Barcarès, där vi släpptes av. Detta läger hade tidigare inhyst spanska republikanska flyktingar efter Francos seger. Förhållandena där var mer än enkla: träskjul planterade på sand och loppor överallt.

Vi tillbringade några veckor där, i det kvävande solsken som är så typiskt för denna Medelhavsregion. Förhållandena var svåra, och Barcarès var långt ifrån en plats för konvalescens. I slutet av vår vistelse förflyttades vi till en by nära Perpignan, där vi sov i lador. Det var en liten förbättring, med tanke på att det var sommar och temperaturerna kunde vara mycket höga.

Våra dagar var oroväckande monotona. Den huvudsakliga sysselsättningen verkade vara att döda loppor, en daglig kamp, medan resten av tiden fanns det praktiskt taget ingenting att göra. Inaktiviteten, avsaknaden av ett tydligt framtidsperspektiv, allt detta bidrog till en allmän känsla av uppgivenhet och osäkerhet om vad framtiden hade i beredskap för oss.

Vi var stationerade, och det dagliga livet i lägret präglades av en djup tristess och en påtaglig brist på aktivitet. Förutom att hålla barackerna rena och kontrollera loppangrepp fanns det inga militära uppgifter eller övningar. Ingen träning, ingenting som ens avlägset liknade förberedelser för strid. Det var en period av stor tomhet.

När vi flyttades till den lilla byn Pia, nära Perpignan, förbättrades våra levnadsvillkor något. Vi bodde hos lokalbefolkningen, vilket innebar att vi hade bättre tillgång till färska produkter som grönsaker och ägg. Äntligen kunde vi ta en andningspaus efter promiskuiteten i Barcarès-lägret.

Det var i Pia som jag lyckades återupprätta kontakten med min familj. Jag hade en kusin som var flykting i Perpignan och tack vare en annan kusin i Bordeaux fick jag till slut mina föräldrars adress i Cantal. Vi utbytte några vykort som fortfarande är kära för mig. Mina föräldrar hade flyttat från Madame Jacomis lada till Hôtel de la Croix-Blanche i Murat, som råkade vara regionens huvudstad.

Tyvärr var det där min farfar dog, i juli 1940, på Murats sjukhus. Han begravdes på stadens kyrkogård. Mina föräldrar hade å sin sida fått höra att det i Montpellier fanns en vänskaplig familj från Strasbourg, familjen Vinter, som också hade lämnat Alsace för att fly undan inkräktarna.

Detta nätverk av kontakter mellan flyktingfamiljer och vänner, utspridda över hela landet, var avgörande för att upprätthålla ett sken av sammanhang i våra liv som stördes av kriget. Det gjorde det möjligt för oss att hålla kontakten, utbyta nyheter och stödja varandra under dessa svåra tider.

Efter tiden i den lilla byn nära Perpignan bestämde sig mina föräldrar för att flytta till Montpellier. De hade inga särskilda preferenser för någon plats, inga band någon annanstans, bara vetskapen om att de hade vänner där. Väl där hyrde de en möblerad lägenhet och flyttade in.

För min del förflyttades vår grupp från Pia till fortet Mont-Louis i Pyrénées-Orientales. Detta fort, som byggdes på 1600-talet, ligger på 1 800 meters höjd. Även om förhållandena var hårda var luften frisk och vi hade en sorts bergskur under fjorton dagar, trots frånvaron av militära aktiviteter. Eftersom vi inte hade några personliga vapen behövde vi inte ens sätta upp en vakt.

Det var då jag fick kontakt med mina föräldrar i Montpellier, tack vare den adress som min kusin hade gett mig. Den kommunikation jag upprättade med dem var en liten tröst i dessa osäkra tider.

Senare omplacerades vi från Mont-Louis längre norrut, till en torr bergsregion i Centralmassivet, inte långt från Lodeve, i syfte att skapa en del av Chantiers de Jeunesse. Efter vapenstilleståndet hade den franska armén i stort sett upplösts, bortsett från en liten vapenstilleståndsarmé som huvudsakligen bestod av karriärsoldater. De soldater som inte hade tillfångatagits hade släppts fria, med undantag för dem, som jag, som var tvungna att göra sin militärtjänst.

Kapitel 4

Arbetsläger för ungdomar

Chantiers de Jeunesse skulle ersätta den obligatoriska militärtjänsten för unga fransmän och förmedla värderingar om arbete, kamratskap och disciplin, i den nya Vichyregimens anda. Det var därför en period av övergång och anpassning till ett Frankrike som förändrats av nederlaget och vapenstilleståndet, och som försökte finna sin väg under tyngden av den tyska närvaron och en samarbetsregering.

Klassen 1939, fjärde terminen, som jag var medlem i, förvandlades till ungdomsarbetsläger. Syftet med dessa läger var att förbereda unga människor för att bli det nya Frankrikes ansikte utåt enligt Vichy-idealen "arbete, familj, land". De var tänkta som en återgång till naturen och grundläggande värderingar. Vi förväntades delta i fysiskt arbete, som att fälla träd och installera vattenförsörjningssystem, för att förbereda ett läger för vårt framtida boende och eventuellt för andra aktiviteter.

När vi anlände i augusti tilldelades vi tält och började med att röja marken. Vegetationen skulle röjas och marken göras redo för våra permanenta tält eller timmerstugor, som vi själva skulle bygga. Samtidigt behövde vi skapa ett centralt område för sammankomster, med en flaggstång.

Varje grupp tog sig an sina uppgifter. Vissa var bättre kvalificerade än andra och bidrog med sina yrkeskunskaper som de förvärvat före överklagandet, till exempel som jordbrukare eller hantverkare. Personligen var jag mindre användbar när det gällde manuella färdigheter, eftersom jag inte hade någon erfarenhet som skogshuggare eller snickare. Så jag hade mer av en stödjande roll, där jag bland annat bar material och grävde i jorden. Lyckligtvis hade vi mer erfarna kamrater, särskilt personer från samma by i Lorraine som jag.

Vi bodde i tält fram till december. Efter det levererades prefabricerade baracker till oss. Vi hjälpte till att montera dem och det var runt denna centrala markplätt som vi kunde flytta in i dessa strukturer när vintern hade kommit. Detta innebar en viss förbättring av våra levnadsförhållanden efter månader som tillbringats under mer knappa och osäkra förhållanden.

På det ungdomsarbetsläger där jag var placerad var förhållandena rudimentära; utan rinnande vatten eller elektricitet var faciliteterna enkla. Vi tvättade oss i bäcken, och när vintern närmade sig frös vattnet, vilket gjorde uppgiften ännu mer ansträngande och oattraktiv. Kylan var tillräcklig för att avskräcka de flesta av oss från att försöka varje morgon.

Men trots dessa grundläggande förhållanden förskonades vi från allvarliga sjukdomar. Man ansträngde sig för att hålla hygienen på en acceptabel nivå. På den tiden vaccinerades vi till exempel mot difteri och andra infektionssjukdomar med TAB-vaccinet (triple anti-bacillary), som vanligen gavs till 20-åringar i Frankrike.

Lägret administrerades av militära officerare, med ett minimum av disciplin. Lägrets chef var en löjtnant, assisterad av underlöjtnanter eller kadetter. Dessa män var i allmänhet sympatiskt inställda och inte alls indoktrinerade av Vichyideologin; vissa var till och med öppet fientligt inställda till Pétain.

Jag minns fortfarande att lägerledaren, som kände till min situation som jude, erbjöd sig att hjälpa mig om jag behövde det i framtiden - ett erbjudande som betydde mycket, särskilt i dessa osäkra tider. Även om jag aldrig behövde vända mig till honom har hans erbjudande stannat kvar i mitt minne som en gest av solidaritet.

Chantiers de Jeunesse skulle förkroppsliga ett av de centrala elementen i den nationella revolution som Vichy förespråkade, och utformades för att träna och utbilda den nya franska ungdomen. I teorin var syftet att föra dessa unga människor närmare landet och till arbetet, men de praktiska realiteterna och de dagliga svårigheterna, liksom lägerledarnas attityder, överskuggade ofta dessa teoretiska mål.

Under de första månaderna efter det franska nederlaget 1940 höll Vichyregimen fortfarande på att fastställa sin politik och sina program. När det gäller vår erfarenhet av Chantiers de Jeunesse vid den tiden låg tonvikten på att hantera omedelbara och praktiska frågor som att inrätta lägret, tillhandahålla vattenförsörjning och annan nödvändig infrastruktur.

Politisk indoktrinering var visserligen planerad att bli en del av programmet, men genomfördes ännu inte, eller åtminstone inte på ett sätt som var märkbart för oss. Det var bara början på den nationella revolutionen, och infrastruktur och organisation var mer brådskande prioriteringar.

När det gäller judarnas status, som kungjordes i oktober 1940, fick ekot av denna diskriminerande lagstiftning inte omedelbart genomslag i det dagliga livet i vårt läger. Vi var upptagna med fysiskt arbete och kollektivt liv, och helgpermissionerna gjorde att jag kunde vara med min familj och fly från politiska problem och få tillfälle att diskutera situationen med mina föräldrar.

För att komma till Montpellier och min familj under helgen var jag tvungen att hitta en lastbil till Lodeve och sedan ta ett litet bergståg. Det var en lycklig slump att jag befann mig geografiskt nära mina föräldrar. Dessa återföreningar var ovärderliga, inte bara för praktiska saker som tvätt och förnödenheter, utan framför allt för det moraliska stöd och den information som de kunde ge mig om utvecklingen av situationen för det judiska samfundet.

Under den period som omfattade Rosh Hashanah och Yom Kippur i september 1940 kunde jag få tillstånd att resa till Montpellier och delta i de festligheter som anordnades där. En stor hangar ställdes till förfogande av en affärsman, Elie Cohen, som var utomordentligt generös. Han erbjöd sitt tyglager så att det judiska flyktingsamhället kunde samlas och be där.

Organisationen av dessa sammankomster leddes av militärprästen och rabbinen Henri Schilli, vars ledarskap och ord hade ett betydande inflytande och en bestående inverkan på mig, även om jag inte hade möjlighet att diskutera mer med honom vid den tidpunkten. Närvaron och atmosfären i dessa stunder som delades med det judiska samfundet lämnade ett starkt avtryck i mitt medvetande.

Mina föräldrar, som bodde i ett möblerat hus på rue du Pont Juvenal nära Montpellier station, var en del av en stor flyktinggrupp som bestod av familjer från olika regioner, såsom Saint-Dié och Luxemburg. Huset hade ett tjugotal lägenheter och hade blivit en samlingspunkt för dessa familjer som sökte en fristad mitt i krigets turbulens.

Samhällslivet i Montpellier var rikt och ömsesidigt stöd var centralt. Det var till denna gemenskap jag anslöt mig efter min frigivning från ungdomslägret i början av 1941. Detta markerade ett nytt kapitel i mitt liv, en tid då jag kunde bli mer djupt involverad i det lokala judiska livet och på nära håll bevittna effekterna av Vichyregimens antisemitiska politik på flyktingsamhället.

När jag återvände till Montpellier i februari 1941 konfronterades det judiska flyktingsamhället med den nya verklighet som Vichyregimen hade infört genom judarnas status. För många nyanlända flyktingar som ännu inte integrerats yrkesmässigt i regionen hade dessa åtgärder inte en lika direkt inverkan som de hade på mer etablerade yrken som lärare eller tjänstemän.

En av de mest påtagliga konsekvenserna av judarnas status var dock införandet av numerus clausus på universiteten, vilket begränsade tillgången till högre utbildning för många judiska studenter. Detta diskriminerande inslag skapade svårigheter för dem som ville påbörja eller fortsätta sina studier och representerade därför en del av det judiska samfundets framtid.

Men trots dessa begränsningar var motståndskraften hos Montpelliers judiska samhälle uppenbar. Familjen Winter, till exempel, som hade haft ett tygföretag i Strasbourg, lyckades öppna en butik igen och försökte upprätthålla en viss grad av ekonomisk stabilitet samtidigt som de erbjöd betydande stöd till judiska flyktingar. Deras hem blev en mötesplats och en plats för tröst för många.

Rörelsen Éclaireurs Israélites (EI) fortsatte att spela en viktig roll för stadens judiska ungdomar, med Raymond Winter och min syster Simone engagerade i ledningen för scoutgrupper. Samtidigt visade Jeunesse Juive de Montpellier (JGM), som leddes av André Blum, också han flykting, hur beslutsamma ungdomarna var trots de begränsningar som numerus clausus medförde. André Blum hade själv lyckats skriva in sig på läkarlinjen vid universitetet i Montpellier.

I detta svåra sammanhang var anpassningsförmåga och samhällsstöd därför avgörande för att minska effekterna av antisemitisk politik och för att upprätthålla en varaktig social och kulturell koppling inom den judiska flyktingbefolkningen.

När jag demobiliserades från Chantiers de Jeunesse i januari blev jag inte särskilt firad eller hedrad. Jag fick helt enkelt ett intyg om att jag var utskriven och önskades lycka till i framtiden. Jag minns löjtnantens ord, som uttryckte sitt personliga stöd för mig och erbjöd sin hjälp om jag någonsin skulle behöva det. Det var en gest som var avsedd för mig som individ, och inte representativ för en institution eller en allmän känsla.

När det gäller antisemitism upplevde jag inte någon särskild fientlighet eller öppen diskriminering på arbetslägren. Såvitt jag vet var jag den enda juden i min sektion, som bestod av cirka 120 personer.

Tillbaka i Montpellier var frågan vilken väg jag skulle ta, särskilt med tanke på de begränsade möjligheter som fanns. Situationen var komplex, med osäkra yrkesmässiga och personliga horisonter under Vichyregimen, särskilt för en ung jude som jag.

Kapitel 5

Organisering under Vichy

Efter att ha lämnat ungdomsarbetslägret i början av 1941 stod jag inför en osäker framtid. Utan baccalauréat var det ändå svårt att få tillträde till högre utbildning, särskilt som Vichyregimens restriktioner skulle ha gjort det osannolikt för en jude som jag att komma in på universitetet.

Det var en orolig tid som präglades av nyheter om kriget i Nordafrika och Syrien. Sammandrabbningarna kring Benghazi, med sina offensiver och motoffensiver, fångade vår uppmärksamhet och vi försökte följa utvecklingen av konflikten med de tillgängliga informationsmedlen, trots censuren.

Vi lyssnade i smyg på radiosändningar från London och det fria Frankrike, som var strängt förbjudna av Vichy-regeringen. Trots faran hade det i vår krets blivit en rutin att lyssna på dessa bulletiner klockan 9 på kvällen, ett heligt ögonblick då vi höll oss informerade. Dessa sändningar gav oss nyheter från omvärlden och utgjorde ett moraliskt stöd, en länk till de krafter som kämpade mot den nazistiska ockupationen.

Vår optimism dämpades dock av hur verkligheten såg ut. Vi var medvetna om att tyskarna långt ifrån var utslagna, tvärtom fortsatte deras offensiv mot England med oförminskad styrka. Tidningarna, som kontrollerades av Vichy-myndigheterna, förmedlade denna propaganda och vi var tvungna att läsa mellan raderna för att försöka förstå vad som verkligen hände.

I detta sammanhang, och trots osäkerheten, försökte vi hålla ut, hitta sätt att gå vidare med våra liv samtidigt som vi hoppades på en gynnsam utgång av denna mörka period i historien.

Den information vi fick via radion gav oss visserligen en glimt av omvärlden och en viss trygghet, men den räckte inte alltid till för att uppväga krigets allestädes närvarande närvaro och dess inverkan på vårt dagliga liv. Vi visste att mycket stod på spel och att utgången av kriget skulle avgöra vår framtid.

Dagarna kretsade kring att hantera grundläggande behov och de restriktioner som ockupationsstyrkorna och Vichyregimen införde. Vårt största bekymmer var jakten på mat: långa köer för grönsaker och andra livsmedel, brödbiljetter och köer för mjölk tog upp en betydande del av vår tid.

Trots dessa svåra omständigheter såg vi hoppfullt på framtiden, tack vare möjligheten att emigrera. En farbror, min mormors bror, som bodde i USA var beredd att skicka oss affidavits, de dokument vi behövde för att resa in i USA. Så mina föräldrar började på allvar överväga möjligheten att emigrera. I väntan på detta ägnade jag mig åt att lära mig engelska för att förbereda oss för ett eventuellt nytt liv långt från krig och förföljelse, i hopp om att återfinna trygghet och stabilitet.

Att lära mig engelska hade därför blivit ett av mina viktigaste mål, både för min personliga utbildning och för att kunna emigrera till Förenta staterna, som framstod som en möjlig väg till frihet. Min far och jag reste flera gånger till Marseille för att besöka det amerikanska konsulatet i hopp om att kunna göra framsteg i vårt invandringsärende och dra nytta av det faktum att Förenta staterna ännu inte hade gått med i kriget och att ett konsulat fortfarande var verksamt på fransk mark.

Det visade sig dock vara svårt att få de affidavits och visum som krävdes. Den administrativa processen fördröjdes avsevärt av hög efterfrågan och byråkratiska förfaranden. Köerna var långa och det var inte ovanligt att vi fick komma tillbaka en annan dag när vår tur kom för sent och konsulatet stängde.

Denna process pågick under hela 1941 och 1942, och tyvärr var det redan för sent när de edsvurna handlingarna äntligen anlände. Den 8 november 1942 hade tyskarna invaderat den fria zonen i Frankrike och reserestriktionerna hade skärpts, vilket gjorde det omöjligt att utvandra. Alla våra förhoppningar och ansträngningar att lämna

Frankrike grusades av de framryckande tyska trupperna, och ingen kunde lämna landet, oavsett om de hade visum eller inte. Allt vi hade försökt göra hade varit förgäves.

Språkinlärningen blev en positiv och bestående aspekt av denna period av osäkerhet. Även om våra planer på att emigrera till USA gick i stöpet, stannade den engelska jag lärde mig vid den tiden kvar hos mig. När hoppet sviktade och visumen dröjde, började jag lära mig spanska, vilket gav bränsle åt en ny flyktstrategi: att illegalt ta mig från Spanien till England för att ansluta mig till general de Gaulles fria franska styrkor. Jag började till och med undervisa några elever i spanska, vilket gav mig möjlighet att dela med mig av mina nya språkkunskaper.

Kapitel 6

En djupare förståelse av judendomen

Denna period präglades också av en breddning av min förståelse för judendomen. I Montpellier upptäckte jag en aktiv sefardisk församling som året runt firade gudstjänst i en liten gudstjänst anpassad till deras storlek. Denna intima miljö erbjöd en plats där en harmonisk kompromiss mellan sefardim och ashkenazim, de senare var nyanlända, möjliggjorde en lugn samexistens.

På de stora judiska festivalerna hölls sefardiska firanden separat, i enlighet med deras traditioner. De hade sin egen gudstjänst som uppfyllde deras specifika behov. Denna upptäckt av ett annat sätt att leva judendomen än det som var känt i Alsace eller Strasbourg berikade min syn på den judiska religionen och kulturen och gav en ny dimension till min identitet som jude.

Så under flera månader ägnade jag mig intensivt åt dessa språkkurser. Jag hade också turen att undervisas av en jude med polskt ursprung som gav mig en djupgående kunskap om hebreisk grammatik och det hebreiska språket i sig. Jag fick sällskap av jämnåriga vänner som delade mitt intresse och min passion för att lära sig, och tillsammans utvecklade vi ett visst flyt och ett öra för hebreiska, vilket visade sig vara avgörande för min framtida förmåga att förstå och uttrycka mig på språket.

Denna period av intensiv språkinlärning handlade inte bara om att skaffa sig pedagogiska färdigheter, det var också en verklig återupptäckt och bekräftelse av min judiska identitet. Detta skedde i ett sammanhang där frågor om identitet var intimt förknippade med historiska händelser och ett växande kollektivt medvetande bland judar runt om i världen.

Om detta var en del av en sionistisk inriktning eller helt enkelt en återupptäckt av den judiska identiteten kan vara svårt att avgöra, eftersom dessa begrepp tenderar att överlappa varandra, särskilt i den tidens kontext. Att lära sig hebreiska fick en symbolisk och praktisk dimension, både som ett sätt att knyta an till en tusenårig historia och kultur, och möjligen som en förberedelse för framtida användning av språket i ett sionistiskt sammanhang, om möjligheten eller nödvändigheten av aliyah (utvandring till judiska Palestina, som senare skulle bli Israel) skulle uppstå.

Denna period präglades av en verklig uppenbarelse: jag upptäckte en annan sida av judendomen, långt ifrån den som jag hade känt till under min tidiga barndom. Jag träffade tillbakadragna judar från Paris, med polskt ursprung, och framför allt sefardiska judar från det gamla samhället i Montpellier, de flesta av dem med saloniskt ursprung, dvs. från staden Thessaloniki i Grekland.

När jag säger "sefardiska" måste jag klargöra att detta begrepp inte syftar på nordafrikanska judar, även om det ofta används i den betydelsen. De sefardim jag talar om kommer från en mycket specifik del av den judiska historien, som är kopplad till det ottomanska riket och det kulturella utbytet i Medelhavsvärlden.

En person som särskilt fångade min uppmärksamhet var Elie Cohen, en välbärgad köpman från Montpellier. Liksom många andra medlemmar i detta sefardiska samhälle hade han dragit nytta av den utbildning som erbjöds av Alliance Israélite Universelle, en fransk organisation som hade skapat ett nätverk av skolor för judar från öst. Trots sitt orientaliska ursprung var dessa judar perfekt fransktalande och perfekt integrerade i det lokala franska livet.

När jag konfronterades med dessa olika aspekter av judendomen insåg jag hur specifik och begränsad min erfarenhet av det judiska livet, som en Alsace-jud, var. Våra liv var huvudsakligen inriktade på vår integration som franska judar i en viss region i Frankrike. På den jiddisch som talades hemma eller vid sammankomster i samhället, på de särskilda traditioner och riter som praktiserades vid religiösa högtider.

Däremot verkade det judiska livet för människor från Östeuropa vara mycket mer förankrat i ett globalt judiskt medvetande, mer oberoende av nationella eller regionala sammanhang. Deras judiska identitet var kärnan i deras existens, inte bara en komponent bland andra.

Jag träffade några fascinerande personligheter bland dem, till exempel domaren Gnoun, som hade förlorat sitt jobb till följd av tillämpningen av judarnas status, eller president Uziel, ett typiskt sefardiskt namn från Salonika.

Men mer än en kulturchock var detta möte med andra former av judendom också ett andligt och intellektuellt uppvaknande för mig. För första gången insåg jag vidden av min egen okunnighet om judendomen. Det gav mig en djup önskan att lära mig och gräva djupare i judisk historia och kultur.

Det var Rabbi Schillis tålamod och öppenhet som inspirerade mig till att vilja lära mig mer. Det var en vändpunkt i mitt liv, ett ögonblick då jag började öppna upp för mycket bredare horisonter.

Varje lördagskväll träffade vi den judiska ungdomsgruppen i Montpellier, och på söndagarna gjorde vi grupputflykter. Vi turades om att hålla föredrag om olika ämnen. Jag blev ombedd att hålla ett föredrag om Maimonides. Jag gick till biblioteket och hittade Munks bok om Maimonides, ett verk på franska från förra århundradet. Att förbereda detta föredrag, även om det var mycket klumpigt och mycket grundläggande, gjorde det möjligt för mig att upptäcka Maimonides och att öppna mig för en helt ny aspekt av judendomen.

Naturligtvis diskuterade vi också Palestina, sionism och en rad andra ämnen med anknytning till den judiska världen. Detta hjälpte oss att vidga våra vyer och bättre förstå bredden och komplexiteten i den judiska erfarenheten.

Kapitel 7

Lär dig hur man tillverkar skor

Det bör också noteras att det fanns en grupp unga sionister i Montpellier. Men den judiska ungdomen i Montpellier var lite av en blandad kompott och ett mikrokosmos av judisk mångfald. Dessa år var avgörande för att lägga grunden till mitt judiska medvetande och gav näring åt min önskan att lära mig mer om judisk kultur och historia.

Så varje grupp hade sina egna särskilda aktiviteter, men de deltog också i aktiviteterna för Montpelliers judiska ungdom. Detta skapade en viss form av sammanhållning, vilket var oerhört positivt. Men det var inte tillräckligt för att ge mig en fingervisning om hur min framtid skulle se ut.

Med mina föräldrars råd och samtycke bestämde jag mig för att gå till yrkesskolan i Romand, i Drôme, för att lära mig manuell skomakeri. Med tanke på att judar inte kunde få tillgång till utbildning eller handel på grund av de restriktioner som judestatusen medförde, verkade det nödvändigt att hitta ett sätt att tjäna sitt uppehälle. Ingen visste hur länge kriget skulle pågå eller hur länge den judiska stadgan skulle vara i kraft. Därför var det viktigt att förbereda sig för framtiden och utveckla färdigheter och kunskaper som skulle vara användbara under alla omständigheter.

Det var alltså denna lösning som slutligen antogs. Den 1 januari 1942 reste jag till Romans, i Drôme. Min kusin Hubert Hallels familj bodde i Montélimar vid den tiden. Efter att ha lämnat Gérardmer i depressionens spår hade de tillbringat några månader i Paris innan de bosatte sig i Montélimar. Under sex månader lärde vi oss att tillverka skor för hand, med andra ord skomakeriets konst, med poissé-tråd och att tillverka skor av läderbitar.

Sommaren 1942 kontaktade jag en skofabrik i La Tour-du-Pin, som hade varit leverantör till min far, för att höra om jag kunde göra en två månaders praktik på deras företag. Min avsikt var då att fortsätta min lärlingsutbildning i skomakeri på skolan i Nîmes.

I Nîmes, nära Montpellier, inledde jag ett viktigt kapitel i mitt liv: min lärlingsutbildning i skomakeri. Det var en yrkesskola som fungerade som en maskinverkstad. Det var en fabrik i La Tour-du-Pin, i Isère-regionen, som jag hade valt för att lära mig om maskiner. Jag tillbringade två månader där sommaren 1942, en avgörande och formativ period.

Där gjorde jag inte färdiga skor, utan snarare skisser och prototyper. Mina dagar ägnades åt att lära mig grunderna: att skära sulorna exakt med en trencher, att noggrant förbereda spåret för sömnad, att göra hål med stansen för poissé-tråden. Varje gest var en grundläggande lärlingsutbildning som gav mig värdefulla hantverkskunskaper.

Även om denna lärlingstid var oerhört givande undrade jag ofta vilken riktning denna väg skulle ta. Var det ett mål i sig eller bara ett steg mot något större? Trots dessa frågor visste jag innerst inne att dessa färdigheter, dessa stunder då jag formade skoämnen, skulle bli en del av min identitet och min karriärväg.

Det var sommaren 1942. Vid den tiden hade de första utrensningarna av utlänningar påbörjats i Frankrike. Vi var direkt berörda. När jag återvände till Montpellier i slutet av augusti 1942 hade razziorna redan ägt rum. Många judar hade arresterats, även om vissa hade lyckats gömma sig. Jag minns särskilt en händelse: en resa till koncentrationslägret, eller snarare samlingslägret i Agde, som ligger ungefär trettio eller fyrtio kilometer från Montpellier. Vi hade blivit ombedda att samla in mat från medlemmarna i vårt samhälle - kex, torkad frukt, choklad, allt möjligt - för att ta med till de internerade i lägret i Agde.

Rabbi Schilly hade organiserat så att jag och några andra ungdomar kunde besöka de internerade i lägret i Agde. En av de mest slående bilderna från det besöket, som jag aldrig kommer att glömma, var ett tåg som var redo att avgå mot Drancy. Vid dörren till en vagn stod en man som jag kände igen från gudstjänsterna i Montpellier, insvept i sin Talit, med Tfilin på huvudet, och bad. Den bilden har etsat sig fast i mitt minne.

Vi delade ut den mat vi hade tagit med oss. Vid den tidpunkten visste vi ingenting om den "slutgiltiga lösningen", men vi visste att ödet för dem som fördes bort inte skulle bli avundsvärt. Vi visste inte vilka som skulle komma tillbaka eller i vilket skick de överlevande skulle återvända.

Våra aktioner, såsom insamlingar och besök i lägret i Agde, var inte begränsade till Grande Rafle. De var en del av en större insats som involverade olika organisationer och individer. Aktiviteter i läger som Agde, Rivesaltes och Gurs organiserades av ett antal organ, däribland OSE (Œuvre de Secours aux Enfants) och andra hjälporganisationer. Bland nyckelpersonerna fanns lägerprästerna, överrabbinen Hirschler, som hade deporterats, och överrabbinen Schilli, som båda var mycket aktiva i detta arbete.

När det gäller vår studiegrupp i Montpellier var vi inte involverade som en formell grupp. När det uppstod ett behov kallade vi på alla som kunde hjälpa till. Så alla som var tillgängliga och ville delta gjorde det, oavsett om de tillhörde den ena eller andra gruppen.

Jag träffade inte personligen några flyktingar från lägren i Agde eller Gurs. I allmänhet gömdes de som lyckades fly från dessa läger omedelbart på platser långt från städerna av säkerhetsskäl.

En nyckelperson i befrielsen av människor från lägren var Rabbi Richelieu. Han hade inflytelserika kontakter, särskilt genom sin bekantskap med en viss Camille Ernst, generalsekreterare för prefekturen i Montpellier. Ernst, en man med anmärkningsvärd hängivenhet, spelade en avgörande roll för att få många frigivna från lägren, som låg under hans administrativa jurisdiktion. Tack vare hans insatser frigavs många människor, särskilt judar, och de har honom att tacka för sina liv.

Hans exceptionella bidrag erkändes 1972, då han hedrades vid Yad Vashem, förintelsemonumentet i Jerusalem, med medaljen Rättfärdig bland nationerna för sin ovärderliga hjälp och sitt mod.

Jag var medveten om att razziorna främst riktade sig mot utländska judar, men situationen berörde oss alla. I Montpellier gömde sig många utländska judar. Mitt första engagemang i underjordiska aktiviteter går tillbaka till september 1942, då jag började ta med mat till judar som gömde sig.

Kapitel 8

Inledande av hemlig verksamhet

Vid den tiden hade den clandestina verksamheten precis börjat organiseras. Raymond Winter, chefen för Éclaireurs Israélites (EI), var redan involverad i att tillhandahålla falska identitetskort till dem som gömde sig. Detta var början på denna verksamhet i vårt område.

Dessa ansträngningar var beroende av EI:s sjätte direktorat, som var en del av den bredare strukturen för Jewish Works. Detta sjätte direktorat ansvarade för utbildning och fungerade, åtminstone nominellt, som en täckmantel för EI:s hemliga verksamhet. Denna verksamhet var avgörande för att hjälpa och skydda dem som var i fara på grund av den dåvarande politiken.

Den "sjätte" var en del av Éclaireurs Israélites (EI) och var en motståndsorganisation som skapades och drevs av dem. Vid sidan av sin motståndsverksamhet drev EI ett nätverk av lantbruksskolor som syftade till att tillhandahålla utbildning, en aspekt som ofta nämns i litteraturen om denna period.

När det gällde att dela ut mat eller hjälpa flyktingar som gömde sig bestod min roll i att samla in burkar med mat som tillagats på en viss plats och sedan bära dem till de gömställen där judar på flykt gömde sig. Jag var också tvungen att vidarebefordra meddelanden eller förfrågningar från de personer som ansvarade för dessa gömställen. Detta arbete var en viktig del av hjälpen till dem som gömde sig, och gjorde det möjligt för dem att hålla sig utom synhåll samtidigt som de fick det stöd de behövde för att överleva dessa svåra tider.

Jag hade exakta adresser. Antalet personer som jag gav mat till var inte särskilt stort; personligen var jag ansvarig för tre personer som jag gav mat till några dagar före min avresa till Nîmes. Sedan lämnade jag över mitt ansvar till en annan person som tog över.

Det fanns en central organisation, vars detaljer jag inte kommer ihåg, som ansvarade för att hitta de nödvändiga ingredienserna, förbereda måltiderna och göra dem klara för distribution. Min roll var helt enkelt att samla in dessa tillagade måltider och ta dem till de människor som gömde sig.

Själv åkte jag i början av oktober till Nîmes för att börja på skomakarskolan. Detta var en vändpunkt i mitt engagemang under denna period.

I Nîmes, som var min nästa destination, hade skolåret redan börjat. Min erfarenhet där var ett nytt steg i min karriär under den perioden.

Den 8 november 1942 markerade en avgörande vändpunkt: de allierades landstigning i Nordafrika. Efter denna händelse invaderade tyskarna den södra delen av Frankrike, som fram till dess hade erbjudit relativt skydd för de franska judarna. Invasionen förändrade situationen och utsatte oss för direkt fara från den tyska närvaron och Gestapo.

Inför detta nya hot lämnade jag omedelbart Nîmes för att återvända till Montpellier. Där var jag tvungen att ställa mig en brådskande fråga: vad ska jag göra nu? Slutsatsen blev att vi borde försöka fly till Spanien innan tyskarna nådde gränsen. Raymond Winter, som jag nämnde tidigare, kände till en smugglare som kunde hjälpa oss.

Så på morgonen den 8 november återvände jag till Montpellier, och bara tre timmar senare satt vi redan på ett tåg på väg till Perpignan, redo att påbörja vårt försök att ta oss över till Spanien och fly undan den tyska ockupationen.

Raymond Winter, André Blum (en medicinstuderande), jag själv och en eller två andra unga människor vars namn jag inte minns, utgjorde en liten grupp i detta flyktförsök. Tyvärr sammanföll vår ankomst till Perpignan med de tyska truppernas ankomst. Färjkarlen, vars adress Raymond Winter hade, fanns ingenstans att finna.

Inför denna känsliga situation och osäkerheten om att hitta en annan pålitlig och säker smugglare beslutade vi att inte fortsätta vårt försök att ta oss över till Spanien. Vi valde därför att återvända till Montpellier och acceptera detta misslyckande.

Detta flyktförsök var ett helt privat initiativ, utan någon koppling till någon organisation eller rörelse. Under vår korta vistelse i Perpignan besökte vi för övrigt mina kusiner som fortfarande bodde där. Vi hade möjlighet att dela en liten kvällsmåltid med dem och fräscha upp oss innan vi tog nattåget tillbaka till Nîmes. Det var en stunds andhämtning i en period som präglades av osäkerhet och fara.

Under vår vistelse i Perpignan försökte vi inte hitta en smugglare. Vi saknade lokal information och lokala kontakter. Som utlänningar i Perpignan hade vi dessutom inga lokala kontakter som kunde ha hjälpt oss. Jag frågade till och med min kusin om han kände någon, men han kunde inte hjälpa oss.

Det var viktigt att ha en tillförlitlig adress och säkerhetsgarantier. Utan detta var risken för att stöta på en skrupelfri person som kunde överlämna oss direkt till polisen alltför stor. Tyvärr slutade många försök att ta sig till Spanien med arrestering, fängelse eller till och med förflyttning till lägret i Drancy, ofta efter tortyr.

I detta sammanhang var vårt beslut att inte fortsätta vårt försök och att återvända till Montpellier och sedan till Nîmes, även om det var sorgligt, förmodligen det klokaste. Situationen var extremt farlig och det var avgörande att inte agera förhastat utan säkerhetsgarantier.

Bland de franska krigsfångarna i Tyskland under andra världskriget fanns judar. Omkring en miljon franska soldater, däribland ett betydande antal judar, hölls som krigsfångar.

Det som är anmärkningsvärt, och nästan oförklarligt, är att dessa judar, trots att de bar fransk uniform och hölls i fångläger i Tyskland, överlevde de fem åren av Hitlers regim utan att utsättas för någon särskild förföljelse som judar. De återvände i allmänhet hem med god hälsa och i gott skick. Denna situation är exceptionell och oroväckande, eftersom den skiljer sig markant från det tragiska öde som drabbade majoriteten av judarna under naziregimen.

Denna anomali, som fortfarande är i stort sett oförklarad, ses av många som en mirakulös händelse under en period som präglades av stor brutalitet och intensiv förföljelse av judarna. Det finns ingen tydlig förklaring till denna "välgörande anomali", vilket lägger till ett lager av mystik till den komplexa och ofta mörka historien om denna period.

Bland de många judiska krigsfångarna hade jag tre kusiner, tre bröder. En av dem hade turen att repatrieras 1942 och återförenas med sin familj, medan de andra två förblev fångar fram till krigsslutet. Dessa fångar kunde ta emot paket från sina familjer tack vare de adresskort som de skickade till dem. Paketen var ett avgörande stöd för dem under deras fångenskap, och deras familjer gjorde sitt bästa för att skicka vad de kunde.

År 1942 var judar också tvungna att gå till polisstationen för att få sina identitetskort stämplade som "judiska". På grund av bristen på officiella stämplar använde man på vissa ställen en manuell inskription, som kan ses på mitt eget identitetskort. Denna åtgärd var ytterligare ett uttryck för den skräck och systematiska diskriminering som judarna fick utstå vid den tiden, en påtaglig påminnelse om förtrycket under naziregimen och samarbetet med den franska administrationen.

I Nîmes, i början av vintern 1942, kretsade mitt liv kring flera aktiviteter. Naturligtvis var det lärlingstiden på skomakarskolan, som, även om den inte var särskilt anekdotisk, var en del av mitt dagliga liv. Samtidigt var jag aktivt engagerad i ungdomsrörelsen, som var en annan viktig aspekt av mitt liv vid den tiden.

En särskilt berikande aspekt av min vistelse i Nîmes var mitt möte med Rabbi Soal. Tack vare honom fick jag möjlighet att fortsätta mina studier och förkovra mig inom olika områden av judiska studier. Rabbi Soal lärde mig särskilt om högtidernas liturgi, en aspekt av judisk praxis och kultur som intresserade mig mycket.

Trots de svåra omständigheterna med krig och ockupation var denna period i Nîmes en tid av personlig utveckling och engagemang för mina studier och för det judiska samhällslivet.

Före min vistelse i Nîmes, i Montpellier, hade vi en anmärkningsvärd hazan (kantor) från det lilla samhället Insvillers i Alsace. Hans namn var Monsieur Roth. Han spelade en viktig roll i vårt samhälle, särskilt genom att lära ut tefilah (bön) till en grupp unga människor, däribland jag själv.

Herr Roth lärde oss grunderna i tefilah på ett grundligt och metodiskt sätt. Tack vare denna undervisning kunde de av oss som hade förmånen att följa hans lektioner i sin tur lära ut bön till andra elever. Hans undervisning var inte begränsad till det enkla reciterandet av böner; den innebar en djupare förståelse av deras innebörd och deras roll i vår religiösa praktik.

Roth var också engagerad i det musikaliska livet i samhället. Han hade organiserat en liten kör som ackompanjerade festligheterna, där han och hans far, som också var hazan, ledde framförandet av tefilot. Denna erfarenhet berikade inte bara min förståelse av judisk liturgi, utan skapade också en känsla av gemenskap och delaktighet kring judisk tradition och kultur i Montpellier.

När jag var tvungen att gå till prefekturen för att få den "judiska" stämpeln anbringad på mitt identitetskort minns jag en djupt obehaglig känsla. Det är svårt att uttrycka exakt vilka känslor jag hade vid den tidpunkten, men det var långt ifrån en trevlig upplevelse.

Medvetet reagerade jag snabbt på denna situation genom att förklara mitt identitetskort förlorat. På så sätt kunde jag skaffa ett nytt, utan den "judiska" stämpeln. Detta nya kort blev min huvudsakliga identitetshandling när jag reste. Jag använde eller visade aldrig upp kortet med den "judiska" stämpeln.

Denna strategi var ett sätt att navigera i ett sammanhang där stigmatisering och fara var allestädes närvarande för judar. Den återspeglar de dagliga utmaningar vi ställdes inför och de steg vi var tvungna att ta för att bevara vår säkerhet så långt det var möjligt.

Under vintern i Nîmes gick livet relativt lugnt till, trots den tyska närvaron och det utegångsförbud som infördes varje kväll. En av höjdpunkterna under denna period var närvaron av överrabbinen Ernest Weil, Zerech Tzadik Livracha, från Réguisheim. Varje morgon höll han en tefila (bön) i sin stora lägenhet.

Jag minns tydligt att min kusin Hubert och jag regelbundet deltog i dessa morgonböner hemma hos överrabbinen Ernest Weil. Det var speciella stunder som samlade ett rum fullt av judar från alla bakgrunder. Det var en tid då det judiska samfundet, trots svåra omständigheter, fann ett sätt att komma samman och upprätthålla sina traditioner och sedvänjor.

Jag hade lärt mig att läsa vissa delar av Torah och bland ungdomarna organiserade vi en tefila på sabbatseftermiddagarna. Dessa möten gav mig möjlighet att omsätta mina förvärvade kunskaper i praktiken. Detta var viktigt för mig, eftersom det gjorde det möjligt för mig att bidra till det religiösa livet i vårt samhälle och stärka min koppling till min tro och kultur i dessa osäkra tider.

När det gäller begreppet "hazara b'chouva" (återgång till tron) skulle jag inte beskriva min erfarenhet i Nîmes som en hazara b'chouva i strikt mening. Snarare skulle jag betrakta det som en process där jag skaffade mig kunskap som naturligt ledde till en utveckling av min praxis och mitt beteende.

Denna process var mer än att bara förvärva teoretiska kunskaper. Den innebar praktisk tillämpning av det jag lärde mig. Det påverkade hur jag levde min tro på en daglig basis, även om jag inte följde alla mitzvot (budord). Det var en gradvis väg mot större efterlevnad och en djupare förståelse av min religion och dess praxis.

I den meningen var det jag upplevde ett tillskott av religiös kunskap, åtföljt av ett växande engagemang för judiska sedvänjor och traditioner. Det var en personlig resa mot en djupare och mer engagerad religiös praxis, som påverkades av de omständigheter och den miljö som jag befann mig i vid den tidpunkten.

Våren 1943 ställdes jag inför ett känsligt uppdrag. Jean-Jacques Rhein, chef för 6:e sektionen i Nîmes, hade kontaktat mig med ett specialuppdrag. Det gällde att eskortera två unga människor, en pojke och en flicka, som var utlänningar i vårt land och talade mycket lite franska. De hade fått falska papper som visade att de inte var judar. Denna försiktighetsåtgärd hade blivit nödvändig i Nice och dess omgivningar, efter en överraskande och oförutsedd förändring.

Situationen förändrades radikalt när tyskarna gick in i den fria zonen den 8 november 1942. I denna nya konfiguration kontrollerade italienarna en del av zonen som sträckte sig från Rhône till Alperna. Vår resa till Nice, som då var under italiensk ockupation, var fylld av osäkerhet och faror.

Kapitel 9

Trevligt och underjordiskt

Det område som vi var tvungna att korsa kontrollerades i huvudsak av den italienska armén. Under tiden behöll tyskarna sitt grepp om den schweiziska gränsen och Marseillesregionen, även om det italienska inflytandet började en bit öster om Marseilles, efter Toulon, inklusive Nice.

Det som särskilt utmärkte italienarna i detta sammanhang var deras inställning till judarna. Till skillnad från tyskarna och den franska polisen erbjöd de en form av skydd. Denna politik hade skapat en fristad och lockat många hotade judar till denna säkerhetszon, som omfattade Nice och dess omgivningar, men även andra regioner som Grenoble, Megève och Saint-Gervais.

Denna fristad verkade nästan overklig i krigets kaos, men den hade blivit en ledstjärna av hopp för många. Jag visste att vår resa till detta område, även om den var full av fallgropar, var avgörande för säkerheten för de två unga människor som jag följde med. Jag kommer snart att berätta mer om vår resa till dessa städer, särskilt Saint-Gervais.

Jag reste med tåg tillsammans med dessa två unga människor och korsade en zon som kontrollerades av tyskarna, en farlig passage mellan Marseille och Aubagne. Lyckligtvis gick kontrollen utan problem. När vi kom fram till Nice hade jag en exakt adress, 30 boulevard Dubouchage. Där möttes jag av en syn som var helt ny för mig. Grupper av judar som samlats på gatan, talade jiddisch och förde livliga diskussioner. Platsen, en synagoga, var full av aktivitet. Ägaren, som var missnöjd med liv och rörelse, hade kritiserat ledningen för att ha förvandlat böneplatsen till ett slags järnvägsstation. Det var i själva verket en samlingspunkt för judar som anlände till Nice.

Staden i sig förförde mig. Det var vår och Nice visade upp all sin skönhet. Jag började överväga möjligheten att inte tillbringa min ålderdom i Nîmes, lockad av charmen och vitaliteten i denna nya stad. Tillbaka i Nîmes ställdes jag inför en ny uppgift. Den lokala judiska församlingen behövde matzot, det traditionella osyrade brödet för påsken, som inte fanns i Nîmes men som fanns i Nice. Eftersom jag redan hade rest till Nice blev jag ombedd att åka tillbaka och ta med mig några.

Innan jag fortsätter måste jag gå tillbaka lite. Efter den 8 november 1942, när tyskarna ockuperade den fria zonen, blev situationen i Nîmes, särskilt för de judiska flyktingarna, prekär. Rädslan grep tag i samhället. Många flydde, däribland mina föräldrar. De lämnade staden tillsammans med några grannar och tog sin tillflykt till en lastbil för att nå en liten by i Aveyron som hette Camarès.

Dessa händelser markerade en vändpunkt i vårt lilla samhälles liv. Inför dessa omvälvningar fick jag jonglera med mitt ansvar i Nîmes och mina resor till Nice, vilket återspeglade den osäkerhet och otrygghet som rådde under dessa tider. Mina föräldrar och min syster var tvungna att fly och packade så mycket de kunde av sina tillhörigheter. De fann en fristad i Camarès, i Aveyron, där de hyrde en liten möblerad lägenhet. De var inte ensamma där; andra judiska familjer hade flyttat in, en del hade flytt samtidigt som de själva. När påsken närmade sig behövde dessa familjer, precis som de i Nîmes, matzot.

I det sammanhanget var jag ansvarig för att köpa matzot till dem. Så jag åkte tillbaka till Nice och köpte det osyrade brödet i en stor flätad korg. Återresan gick smidigt och jag kunde dela ut matzot till församlingen i Nîmes. Dessutom hade jag förberett ett speciellt paket till judarna i Camarès, som jag också lyckades leverera till dem.

Dessa ansträngningar att tillhandahålla matzot var mycket mer än en enkel gest av solidaritet; de representerade en vital länk till traditionen och en form av motstånd inför en värld i omvälvning. Jag utnyttjade min tid i Nice, under vad jag kallar "matzot-vistelsen", till att söka jobb på en skofabrik.

Jag hade turen att hitta ett jobb som skomakare hos en viss Mario Simon på rue Ribotti. Han hoppades att jag skulle börja direkt, men jag sa att jag hade några åtaganden. Jag lovade att vara tillbaka i slutet av april. Så efter den judiska Pesach-festivalen åkte jag tillbaka till Nîmes för att samla ihop mina saker, och sedan åkte jag till Nice. Jag hyrde ett möblerat rum av två gamla damer på Avenue Desambrois. Jag började arbeta på Mario Simon's, där jag monterade skor för hand och slog i spikar. Det var så min tid i Nice började.

I Nice började jag naturligtvis leta efter kontakter i det judiska samfundet. Det var inte så svårt. De flesta aktiviteterna ägde rum på "Dubouchage". Det var faktiskt ett veritabelt paradis. När en jude arresterades av den franska polisen ringde kontorschefen till den italienske militären som omedelbart beordrade att han skulle släppas. Inte ens milisen kunde göra någon skada. I Nice fanns det många aktiviteter som organiserades av judiska ungdomsrörelser. Å ena sidan fanns Éclaireurs Israélites de France och Jeunesses Zionistes-rörelsen. Samarbetet mellan dessa två grupper var mycket harmoniskt och nära. Jag gick med i EIF vid den tiden, men jag deltog också i den sionistiska ungdomsrörelsens möten. Vi brukade sjunga mycket och vi utbytte nyheter om Palestina.

Jag började mitt arbete med Keren Kayemeth LeIsrael (KKL) i Nice, omkring maj-juni 1943. Éclaireurs Israélites de France och sionistiska ungdomsrörelser hade startat ett projekt för att plantera träd i Palestina. Vi ombads att samla in pengar till detta ändamål. Jag lyckades samla in tillräckligt med pengar för att plantera fem träd, vilket jag var mycket stolt över. Bara för att visa er hur komplicerade saker och ting var. Vid den tiden bodde Joseph Fischer, en av de ledande personerna i KKL, i Nice. Han spelade en mycket viktig roll i överföringen av medel från Joint Distribution Committee (JDC). Det var då jag träffade honom, mycket kort, eftersom jag var en ganska obetydlig ung man vid den tiden. Vi skulle träffas igen senare. Alla dessa aktiviteter hade naturligtvis en enorm inverkan på dem som, liksom jag, var aktiva på detta område vid den tiden. Jag deltog också i ett EEIF-sommarläger nära Col d'Allos.

Jag återvände faktiskt till Nice just när händelserna tog en avgörande vändning. Tillkännagivandet av vapenstilleståndet mellan Badoglios Italien och de allierade gav upphov till en hel del anarki och instabilitet. De italienska makthavarna hade slutat skydda judarna, vilket gjorde att vi alla kände oss osäkra. Det var under denna oroliga period som jag insåg hur sårbara vi var. Denna uppfattning om vår sårbarhet och om den överhängande faran bidrog till att intensifiera mina ansträngningar att ansluta mig till mina föräldrar i Aix-les-Bains, där den judiska verksamheten fortfarande var stark vid den tiden. Men min återkomst till Nice och det därmed växande hotet markerade ett viktigt skede i min resa och i min förståelse av kriget och judarnas öde i Europa.

Jag bodde i Nice vid den här tiden, men jag var inte helt medveten om omfattningen av de aktiviteter som ägde rum på rue Dubouchage. Jag visste att det fanns en betydande judisk verksamhet, men detaljerna, namnen på de inblandade och den verkliga omfattningen av deras ansträngningar var i stort sett okända för mig. Det var först senare, efter kriget, som jag fick reda på deras verkliga betydelse och exakta roller, vilket fick mig att inse den verkliga omfattningen av deras arbete under ockupationen.

I Nice fanns det redan en hemlig verksamhet som syftade till att hjälpa unga judar. Den organiserades gemensamt av Éclaireurs Israélites de France (EIF) och MJS (Mouvement de la Jeunesse Sioniste). Ledarna för dessa två grupper, Jacques och Léa Weintraub för MJS och Jacques Marburger och Jeannette Ewselmann för EIF, hade redan hjälpt många unga utländska judar som hotades att hitta skydd.

Här är vi i september, vid tidpunkten för vapenstilleståndet, när tyska trupper invaderar den italienska zonen. Italienarna, som inte lämnade torget tillräckligt snabbt, fördrevs våldsamt av tyskarna. Men redan innan de tyska trupperna anlände till Nice hade ett Gestapo-kommando i svarta framhjulsdrivna bilar inlett en skoningslös jakt på judar. Sammanhanget blev allt farligare och förändrade våra liv och våra dagliga aktiviteter.

I den italienska zonen, i Megève och Saint-Gervais, inrättades tvångsförläggningar för utländska judar. När vapenstilleståndet undertecknades och italienarna gav sig av rådde de italienska myndigheterna, som dessa judar hade kontakt med, dem att följa med till Nice, varifrån de skulle föras till Italien för att söka skydd. Alla dessa familjer skyndade sig med buss till Nice, där de ockuperade möblerade bostäder och hotell.

Det är lätt att föreställa sig hur lätt det var för tyskarna att arrestera dessa judar under dessa förhållanden. Förutom de många flyktingar som redan fanns i Nice översvämmades staden av nyanlända. Tyskarna gick tillväga i två steg för att gripa dessa människor. Till en början anföll de hotellen, där det var lätt att gripa judar utan ordentliga papper. Även de som hade falska dokument var lätta att känna igen på sin accent och sitt utseende. För att göra uppgiften enklare åtföljdes tyskarna av fransmän som kunde urskilja utländska accenter.

Tyskarnas svarta framhjulsdrivna fordon körde kors och tvärs över gatorna i Nice och när de fick syn på någon som såg misstänkt ut, särskilt en man, stannade de. De tog sedan mannen till en porte cochere, tvingade honom att dra ner byxorna och kontrollerade om han var jude eller inte. Papperen kunde förfalskas, men deras metod var ofelbar.

Tyskarna tog kontroll över till synes säkra platser - biografer där folk trodde att de kunde gömma sig eftersom de inte var ute på gatan, restauranger och områden där judar hade bosatt sig. Den mest ökända platsen var det som kallades Quartier des Musiciens, vilket inkluderade Rossini Street och det omgivande området. Dessa gator var fyllda med möblerade lägenheter fulla av judar. Tyskarna förstod snabbt var de skulle leta efter judar.

När judarna hade gripits samlades de ihop på Hotel Excelsior, nära stationen. Därifrån skickades de nästan dagligen i konvojer till Drancy. UGIF:s kontor, som fungerade som en hjälpcentral för judar i nöd, förvandlades till en fälla. Tyskarna tvingade direktören, en man som hette Guggenheim, att stanna kvar. Människor som kom för att be om hjälp, efter att ha fått slut på pengar till mat, arresterades på plats.

Överrabbinen i Nice, Rabbi Pruner, arresterades under en begravning på kyrkogården. Alla närvarande deporterades tillsammans med honom. Det var en veritabel jakt på judar, genomförd med en formidabel effektivitet. Tyskarna vägleddes inte av någon form av etik eller humanitet i sina handlingar.

Våra insatser i Dubouchage var vårt omedelbara svar på akuta behov, ett svar som närmade sig sitt slut. Denna ömsesidiga hjälp fick näring av många små aktioner och finansiellt stöd av organ som Fédération des Sociétés Juives de France, som gav bidrag och, där det var möjligt, falska papper till de behövande. Dessa gester, även om de inte var särskilt formaliserade, representerade en vital aktivitet i den tidens tumult.

Detta värdefulla stöd upphörde emellertid och lämnade ett tomrum efter sig för dem som var vana vid att förlita sig på detta stöd. På gatorna letade människor förgäves efter stöd, efter vägledning, efter någon att vända sig till. Det var en period av djup desorientering, där de vanliga strukturerna hade försvunnit. Trots utmaningarna växte en form av organisation fram, även om jag inte kan beskriva exakt hur det gick till. Det jag minns tydligt är ett möte den 13 september på Hôtel Chardonnens i Nice, där de äldre i ungdomsrörelserna träffades. Vi var tvungna att besluta om vår nästa handlingsplan.

Vi var ungefär tjugo personer som förenades av behovet att reagera på denna kris. Vid detta möte fördelades ansvarsområdena och varje person tilldelades en specifik uppgift.

Weintraubs var en del av gruppen. Claude Guttmann och Griffon var närvarande för att organisera IR, den senare hade fått i uppdrag att leda den 6:e i Nice. Det var de som tog ansvar för de aktiviteter som höll på att anordnas. Léa Weintraub delade med sig av ett levande minne från de första dagarna av den tyska ockupationen: när hon gick på gatan kom en judisk man fram till henne. Han berättade för henne att han ville hjälpa judarna. Mannen var Maurice Loebenberg. Genom en lycklig kombination av omständigheter var Maurice, som senare tog namnet Maurice Cachoud i enlighet med sin falska identitet, involverad i aktionerna från första början.

Det som sedan hände fick en tragisk vändning när Claude Guttmann arresterades. Han greps i ett kloster på rue François Grosso efter ett tips som misstänktes komma från en dubbelagent vid namn Anne-Marie Kielissi. Hon hade kontakter med en poliskommissarie i Marseille och utfärdade identitetskort från stadens 8:e arrondissement.

De som stod Claude Guttmann nära fick senare veta att han skulle besöka klostret, särskilt för att organisera en fristad för människor i fara. Gestapo stod vid klosterdörren, redo att gripa honom så snart han anlände, vilket väckte allvarliga misstankar mot Anne-Marie Kielissi, som kan ha varit den enda person som informerats om besöket. Guttmann fördes bort och deporterades av Gestapo.

Jag stötte på Guttmann en eller två gånger. Jag minns 28 september väl, det var en spänd dag för oss alla, särskilt för de två Jacques - Jacques Weindraub och Jacques Marburger. Den dagen greps de av Gestapo och togs in för förhör. Lyckligtvis var deras falska papper övertygande och deras förfalskade identiteter höll för förhörets påtryckningar. Till vår stora förvåning utsattes de inte för en grundlig fysisk kontroll, vilket kunde ha avslöjat deras bedrägeri.

Till slut släpptes de, en ovanlig och oväntad situation, och fann sig fria. Men det var på vägen ut som Jacques Weindraub plötsligt kom ihåg att han hade glömt sin portfölj i förhörsledarens kontor. Med risk för att än en gång hamna i fara gick han tillbaka för att hämta den. Det oväntade öppnandet av portföljen kunde ha avslöjat komprometterande information, men ödet ville annorlunda.

När det gäller Jacques Marburger, känd under totemet Colibri, kanske hans namn inte är bekant för alla, men han flydde snabbt. Han tog sin tillflykt till mig för natten, eftersom han visste att han kunde räkna med min adress i händelse av behov. Efter en natts vila, som under sådana omständigheter inte ger någon större lättnad, lånade jag honom min cykel nästa morgon så att han kunde ta sig till stationen utan att väcka uppmärksamhet. På så sätt lämnade han Nice och lyckades mot alla odds undkomma sitt ödesbestämda öde.

De planer som utarbetades vid Chardonnens möte i Nice äventyrades. Gruppen blev praktiskt taget halshuggen och fick utstå svåra slag som skulle ha kunnat sätta stopp för våra ansträngningar. Hur vi lyckades träffas igen några dagar senare hemma hos en generös dam vet jag inte. Men huvudsaken är att vi hade en samlingspunkt, ett bevis på att motståndskraften och solidaritetsnätverket fortfarande var aktiva.

Vi befann oss i huset som tillhörde denna dam, vars namn har undgått mig och vars enda precisering är att hon inte var judinna. Någon av oss måste ha haft hennes adress.

Vid detta improviserade möte var Henri Poriles där, liksom Maurice Cachoud, Maurice Beugelmans och Pierre Mouchnik, som redan hade påbörjat sitt arbete med falska papper - en avgörande verksamhet för vår rörelse. Det fanns också kvinnor vars namn jag inte minns i dag.

Trots motgångarna tog Maurice initiativet. Han tog på sig rollen som ledare och började återställa ordningen, fördela uppgifter och ansvar. Alla fick sitt uppdrag, sin roll att spela i denna hemliga kamp, i denna organisation som var tvungen att anpassa sig och stå emot i kristider.

Maurice gav mig ett tydligt ansvar: ekonomisk förvaltning. "Du kommer att sköta bokföringen, du kommer att vara kassör", sa han till mig och betonade vikten av noggrannhet. "Jag vill ha korrekta räkenskaper, för en dag måste vi redovisa för de pengar vi har använt". Det var ingen lätt uppgift, men det var en viktig uppgift. I dessa osäkra tider var öppenhet och förtroende avgörande om vi skulle kunna upprätthålla integriteten i vårt nätverk och hålla det igång.

Vi kunde räkna med generositeten hos dem som hade fått hjälp av våra insatser. Många, som hade fått ett förfalskat identitetskort som gav dem ett sken av säkerhet, var redo att uttrycka sin tacksamhet. Deras donationer visade deras tacksamhet och bidrog till den gemensamma insatsen.

Maurice hade för sin del lyckats samla in pengar från människor i sin omgivning, människor som han litade på. Varje gång handlade det om viktiga summor för att vi skulle kunna fortsätta vår verksamhet, köpa utrustning, täcka oförutsedda utgifter och stödja dem som stod under vårt beskydd. Att hålla reda på pengarna innebar därför mycket mer än att bara hålla reda på siffrorna; det innebar att bevara kärnan i vårt engagemang och förbereda oss för att försvara våra handlingar när det var dags att ställas till svars.

Några dagar efter Rosh Hashanah var stämningen fortfarande tung av de tragiska händelser som vi nyligen hade upplevt. Samhället präglades av dessa svåra omständigheter. Men när Yom Kippur kom kunde vi organisera en tefilah, en bön, hemma hos Maurice Cachouds farbror, Maxime Polak.

Det var en stund av hågkomst, men också ett tillfälle att träffas utanför de vanliga ramarna för vår hemliga verksamhet. Bönemötet ägde rum i en atmosfär av allvar och solidaritet, vilket återspeglade både den religiösa traditionen och behovet av att upprätthålla vår sammanhållning och moral i dessa mörka tider.

I slutet av Yom Kippur-fasten togs vi varmt emot av fru Polak, som hade förberett en måltid för att bryta fastan. Jag minns det ögonblicket tydligt: lättnaden över att bryta fastan, värmen från en gemenskap som delade samma prövningar. Resan till Maxime Polaks hus var inte lätt för mig; jag hade tagit mig dit med cykeltaxi, en form av kollektivtrafik på den tiden som inkluderade ett passagerarsäte längst bak på cykeln. Efter lunchen, tillsammans med ett dussin, kanske femton andra personer, bestämde vi oss alla för att promenera hem.

Marschen genom gatorna i Nice ägde rum mitt i natten och vi var noga med att respektera utegångsförbudet. Det var vid tillfällen som dessa, när vi tyst delade lugnet i den sovande staden, som gemenskapen fann sin styrka, den känsla av tillhörighet och beslutsamhet som drev oss vidare, trots vad som än kunde hända. Dagen efter Yom Kippur träffades vi i familjen Polaks hus. Under hela dagen ägnade en grupp av oss tid åt att diskutera och planera, medvetna om att det var viktigt att säkerställa en effektiv samordning eftersom var och en av oss hade tilldelats sin roll.

Det var oktober 1943. Nice var ockuperat av tyskarna och razzior var ett dagligt hot. Jag bodde fortfarande i mitt möblerade rum som sköttes av två mycket respektabla damer. De frågade mig aldrig om mitt ursprung eller min religion, men jag hade en känsla av att de gissade att jag var judinna. Våra samtal var sällan mer än banaliteter, men deras diskreta tystnad var ett tecken på en skyddande delaktighet.

Jag fortsatte min rutin: på morgonen arbetade jag för min chef, och på kvällen ägnade jag mig åt att hantera kontona för vår organisation. För att anpassa oss till situationen och bibehålla strukturen i våra dagliga kontakter var vi tvungna att utveckla ett organiserat system. Några unga män och kvinnor, som kunde betraktas som hemliga socialarbetare, skulle ge mig listor. Dessa listor innehöll namnen på behövande personer och information om deras situation, så att jag kunde bestämma fördelningen av medel. Jag var tvungen att förlita mig på denna information för att fördela resurserna. Naturligtvis var detta en komplex och nödvändigtvis ofullkomlig övning.

Logistiken för våra möten måste vara minutiös för att förhindra att fienden upptäckte oss. Varje dag skulle vi träffas på en annan plats, en rutin som ständigt ändrades av säkerhetsskäl. Detta arrangemang fungerade bra och visade hur uppfinningsrikt och flexibelt vårt nätverk var när det gällde att övervinna de utmaningar som ockupationen innebar.

Vi hade infört ett effektivt system för överföring av information och begäran om falska papper, tack vare våra kontakter med det team som tillverkade dessa viktiga dokument. Förfalskningslaboratoriet, som övervakades av Pierre Mouchnik, var en central del av vår operation och alla ansträngningar gjordes för att hålla dess läge och verksamhet hemliga. Serge Karvaser var också inblandad, även om han inte kunde riskera att framträda offentligt på grund av sitt mycket igenkännliga utseende.

Förfrågningar om falska handlingar hanterades med anmärkningsvärd effektivitet: vi överförde beställningarna och beroende på arbetets komplexitet och tekniska oförutsedda händelser var handlingarna klara inom en till tre dagar. Ibland uppstod dock praktiska problem, t.ex. brist på formulär för identitetskort, vilket tillfälligt avbröt vår verksamhet. Lyckligtvis hittade teamet ofta lösningar för att skaffa fram det material som behövdes, ett område där Maurice var särskilt aktiv.

Förutom identitetshandlingar var förnödenheter en annan viktig utmaning för våra skyddslingar. Försörjningskorten, som var nödvändiga för att köpa grundläggande förnödenheter som bröd, smör, mjölk och till och med kläder, måste regelbundet uppdateras med nya biljetter i stadshuset. Detta krävde uppvisande av ett giltigt identitetskort, en omöjlig och farlig handling för dem som var tvungna att hålla sig gömda, som ofta talade lite eller ingen franska och som inte hade råd att bli upptäckta.

Inför detta hinder var vi tvungna att hitta lösningar för att hjälpa människor som gömmer sig att få tillgång till grundläggande förnödenheter utan att äventyra deras säkerhet. Solidaritet, uppfinningsrikedom och diskretion var viktigare än någonsin för att säkerställa överlevnaden för dem vi hjälpte.

Maurice visade en anmärkningsvärd skicklighet när det gällde att etablera kontakter med anställda vid försörjningstjänsten. Tack vare dessa kontakter kunde vi få tag på försörjningskort med den tomma stämpeln och biljetter som vi delade ut till våra skyddslingar. De som vågade komma fram för att förnya sina försörjningskort kunde använda sina falska handlingar för att göra det själva; för de andra, som löpte en alltför stor risk genom att komma fram ur gömmorna, försåg vi dem med de nödvändiga biljetterna.

Jag minns fortfarande Suzy, en charmig och medkännande anställd som Maurice vann för vår sak. Hon berättade att hon var beredd att göra allt hon kunde för att hjälpa oss, rörd av tanken på att ett barn skulle kunna lida eller gripas bara för att det var hungrigt. Hennes ord var färgade av uppriktig vänlighet. En annan värdefull medbrottsling, vars namn har undgått mig, och den biträdande chefen för försörjningstjänsten, en viss Monsieur Morenon, gjorde också saker och ting lättare för oss. Morenon anförtrodde oss att han var tacksam för att kunna vidta konkreta åtgärder på en mänsklig nivå; det var mycket viktigt för honom.

Dessa uttryck för solidaritet har varit avgörande för vår verksamhet. En parentes. Jag blev presenterad för en ung kvinna från Alsace som hette Pauline Dreyfus, en scoutledare, som satte mig i kontakt med Georges Bloch, en juvelerare född i Strasbourg som hade tagit sin tillflykt till Monte Carlo. Hon var övertygad om att Georges Bloch kunde hjälpa oss att samla in de medel vi behövde för vår sak. Den största utmaningen var fortfarande att nå Monte Carlo, en hårt kontrollerad region, men hjälp och generositet från olika källor var ljusstrålar i ockupationens mörker.

För att ta mig till Monte Carlo för första gången valde jag att ta tåget från en station en bit från Nice centrum, kallad Gare Saint-Roch, i ett försök att gå obemärkt förbi. Resan var händelselös, och när jag kom fram träffade jag Georges Bloch. Hans välkomnande var varmt, och han uttryckte omedelbart förtroende för vår sak och för mig. Han berättade också för mig om en vän, Elie Cohen, från Montpellier, som jag av en överraskande slump också kände. Det var en trevlig återförening och båda männen gick med på att be sitt nätverk av bekanta, som också var flyktingar i Monte Carlo, att bidra ekonomiskt för att stödja vår verksamhet.

Att övertyga förmögna människor att hjälpa oss var ingen lätt uppgift. Försiktighet och misstro stod ofta på dagordningen, särskilt när det handlade om relativt okända unga människor. Medveten om detta, och om behovet av att stärka vår trovärdighet, beslutade jag att be Maurice att följa med mig vid ett senare besök i Monte Carlo. Hans karisma och övertalningsförmåga gjorde ett starkt intryck på Georges Bloch och Elie Cohen. Tack vare honom blev våra potentiella anhängare mer generösa och investerade mer i vår sak.

Monte-Carlos ekonomiska bidrag har blivit en värdefull källa som gör det möjligt för oss att tillgodose våra skyddslingars behov och att vänta på andra medel. På tal om summor, det exakta värdet är svårt att bedöma idag, på grund av förändringar i köpkraft och valuta. På den tiden var en summa på 10 000 till 20 000 franc en betydande hjälp. Även om det inte kunde betraktas som en stor förmögenhet, var det tillräckligt för att tillgodose våra omedelbara behov och fortsätta våra ansträngningar att stödja och överleva under denna svåra period.

Bland de unga människorna i vår grupp utmärkte sig Maurice genom sin redan rika livserfarenhet. Han hade drivit en duplikatbyrå för företaget Gestetner, vilket gav honom ett stort självförtroende. Han var utbildad i försäljningsteknik och hade en naturlig vältalighet och förmåga att övertyga andra, kombinerat med en varm och vänlig inställning. Dessa färdigheter och hans förmåga att kommunicera och inge förtroende var viktiga tillgångar i vår hemliga verksamhet.

Med rötterna i en stark familjetradition hade han vuxit upp i ett traditionalistiskt samhälle i Montevideo i Paris, i en mycket varm judisk atmosfär. Han var mycket medveten om sin judiska identitet, och det var säkert det som fick honom att agera spontant för judarna när han insåg att situationen höll på att bli kritisk.

Han tog hand om sin far, som också gömde sig i Nice efter sin mors död. Han var tvungen att leva i skuggorna för att ta hand om honom samtidigt som han tog på sig en ledarroll inom vårt kollektiv.

Hans förmåga att komma till sakens kärna var anmärkningsvärd. Han klargjorde att vårt mål måste vara direkta, praktiska åtgärder, utan att fastna i politiska diskussioner eller meningslösa debatter: vi måste agera, och det snabbt. Överflödiga detaljer var inte vårt bekymmer.

Hans närvaro var andligt tröstande; han visste hur han skulle hitta rätt ord för alla och ge mod till alla. Hans aura var inte den hos någon som passerar obemärkt förbi; tvärtom, han uppmärksammades på gatan, vilket gör det ännu mer förvånande att han aldrig blev ifrågasatt eller arresterad. Det är en lyckoträff, eller kanske ett bevis på att försynen vakade över honom, precis som den gjorde över mig. Hans gudomliga beskydd, för dem som tror på det, verkar ha spelat en mycket verklig roll i våra liv.

Jag cyklade runt i Nice, och varför jag valde en gata i stället för en annan under räderna är fortfarande ett mysterium. Jag hade turen på min sida: min identitet kontrollerades aldrig. I detta klimat av osäkerhet använde jag en falsk identitet som vi skapade med de medel vi hade till vårt förfogande. Enligt uppgifterna på detta identitetskort var jag född den 15 januari 1915 i La Chapelle Blanche i Savoie, och mitt namn var Rosna Maurice - ett namn som inte betydde någonting för mig. När folk frågade mig varför jag aldrig hade arresterats skämtade jag om att mitt "ariska" utseende förmodligen hade varit till min fördel, vilket antydde att mitt fysiska utseende inte motsvarade de stereotyper som myndigheterna eftersträvade.

Den dokumentära grunden för att skapa denna fiktiva identitet var ett demobiliseringsblad från en fransk krigsfånge från lägren i Tyskland. Detta gav dokumentet ytterligare trovärdighet. När det gäller den falska identitetens hållbarhet i händelse av en kontroll skulle allt ha berott på kontrollens intensitet och noggrannhet. Om tjänsterna var erfarna, specialiserade på kontraspionage eller medlemmar av Gestapo, och om de hade gjort noggranna kontroller, skulle de kanske ha upptäckt att även om namnet fanns i den kommun där jag skulle ha fötts, skulle det inte ha klarat en noggrant genomförd undersökning. Jag måste dock säga att det här kortet aldrig behövde granskas. Det var en kombination av tur, sinnesnärvaro och kanske, som vissa vill tro, ett ingripande från försynen som gjorde att jag kunde undvika sådana farliga situationer.

De tyska kontrollerna vid den tiden omfattade i allmänhet inte några djupgående undersökningar, såvida det inte fanns allvarliga tvivel om en persons misstänkta aktiviteter, såsom spionage eller deltagande i motståndsaktiviteter. Det viktiga var att kunna passera genom kontrollpunkterna utan att väcka misstankar.

Maurice föddes faktiskt i Paris. Hans familj hade olika ursprung: hans far var tysk och hans mor hade holländska rötter. Familjen Polak, på Maurices mors sida, var holländska judar men bodde i Paris långt före kriget. Och om jag minns rätt var hans mamma född i den franska huvudstaden. Hans far hade varit i Frankrike sedan efter första världskriget, eftersom Maurice föddes under det kriget, vilket innebar att hans far redan hade befunnit sig på fransk mark före kriget.

När det gäller föräldrarnas yrken var Maurices farbror, Mr Polak, bankir. Det är troligt att Maurices far arbetade med honom. De ägde inte banken, men de hade viktiga ansvarsområden i en liten judisk privatbank i Paris.

Familjen Polak var i själva verket relativt välbärgad. Några dagar efter den Yom Kippur-tefila som vi tillbringade med dem inträffade tragedin: herr Polak arresterades på gatan och deporterades. Lyckligtvis verkar det som om han lyckades undvika att uppge sin adress, kanske tack vare papper som inte direkt kopplade honom till hans hem, eftersom hans fru och barn stannade hemma utan att bli störda efteråt.

Under samma period var, förutom Cachoud-nätverket, även andra underjordiska nätverk aktiva i Nice. Bland dem fanns Kelman Fajgenbaum, senare känd som Claude Kelman, som senare spelade en viktig roll i FSJU och var en av grundarna av CRFF. Han var en mycket modig man och hade organiserat ett nätverk för att hjälpa människor i nöd, men bristande försiktighet ledde till att en av hans assistenter arresterades och Kelman tvingades gömma sig i Monte Carlo.

Det fanns också en anmärkningsvärd närvaro av Rogovski, en icke-judisk ryss som hade varit minister i Kerenskijs socialistiska regering före bolsjevikrevolutionen. Efter att ha flytt från Ryssland till Paris gav han och hans sekreterare, Olga Bax-Mars, en hel del hjälp till ryska flyktingar, både judiska och icke-judiska. Ett annat nätverk som leddes av André Bass arbetade också med att tillhandahålla falska papper och ekonomiskt stöd. Men även André Bass tvingades lämna Nice när han upptäcktes av myndigheterna.

Trots förekomsten av dessa olika nätverk befann sig vår grupp vid en viss tidpunkt som den enda operativa gruppen på plats i Nice, en situation som innebar ett tveeggat svärd av ansvar och risk i ett farligt sammanhang. När tyskarna anlände lämnade Joseph Fischer Nice för Lyon. Det var verkligen svårt att upprätta eller återupprätta kontakter för att få de medel som behövdes för vårt arbete.

När det gäller en upplevelse av kontroll som jag har haft, i motsats till vad jag sa tidigare, så fanns det en. Det var mellan jul och nyår, när jag skulle resa till Aix-les-Bains för att hälsa på mina föräldrar. Jag var tvungen att byta tåg i Grenoble, och med en och en halv timmes väntetid gjorde jag impulsivt och kanske oklokt en avstickare in till staden.

Jag promenerade längs Place Grenette i Grenoble vid 16-tiden när jag plötsligt hörde en liten explosion följd av raketer, signalen för tyska trupper att stänga alla utgångar och genomföra en masskontroll. Jag gick direkt till en tysk underofficer vid vägspärren, förklarade att jag var tvungen att hinna med mitt tåg och visade honom mitt identitetskort och vykort medan jag öppnade min väska. Till min förvåning sa han bara åt mig att fortsätta.

Jag talade franska, utan att bry mig om ifall han förstod mig rätt eller inte, och insisterade helt enkelt på att jag hade ett tåg att passa. Det var en otrolig möjlighet, eftersom många judar fångades in vid sådana sammanrottningar och skickades till STO (Service du Travail Obligatoire). Det var ett ögonblick av stor spänning men också av stor tur, en sällsynt händelse som präglade min erfarenhet vid den tiden.

För att gå tillbaka lite i tiden, under vintern 1942-1943, när jag fortfarande var i Nîmes, hade den tyska ockupationsmakten utfärdat lagarna om obligatorisk arbetstjänst (STO). Denna mobilisering tvingade unga människor att anmäla sig för att åka och arbeta i Tyskland. Jag minns att jag frågade flera personer om råd om vad jag skulle göra: vissa sa att man var tvungen att anmäla sig för att följa lagen, medan andra avrådde från det. I slutändan svarade jag inte på uppmaningen och höll mig därmed utanför STO:s radar, men jag var medveten om att alla kontroller kunde ha lett till att jag åtminstone hamnade i ett arbetsläger i Tyskland, utan att min judiska identitet ens avslöjades.

Efter incidenten i Grenoble och mitt besök hos mina föräldrar återvände jag till Nice. Sedan, i januari, tog Maurice kontakt med Maurice Brenner, som representerade Joint i det ockuperade Frankrike, vars högkvarter låg i Le Puy, en länsstad i departementet Haute-Loire. Vi tog tåget för att träffa Maurice Brenner i Le Puy, inte Puy de Dôme, utan staden Le Puy i Haute-Loire. Maurice Brenner gav oss ett mycket varmt välkomnande och, som jag minns det, gav han oss en betydande summa på 100 000 franc. Även om dessa medel inte varade för evigt utgjorde de ändå ett betydande bidrag som gjorde det möjligt för oss att göra vissa förbättringar av levnadsvillkoren för dem som vi hjälpte.

Vi hade långa diskussioner med Maurice Brenner. Situationen var extremt prekär vid den tidpunkten. Vintern 1942-1943 präglades av osäkerhet, slaget vid Stalingrad hade ännu inte avgjorts och de sovjetiska styrkornas seger hade ännu inte materialiserats. Den övergripande situationen var dyster, utan någon påtaglig strimma av hopp. Tilltron till framtiden byggde mer på blind tro än på konkreta argument. Trots allt försökte vi uppmuntra varandra att fortsätta vara hoppfulla.

Under samma period bildades Franc-gruppen i Nice, parallellt med vår egen verksamhet. Denna grupp, som jag inte hade något direkt ansvar för, leddes av Henri Porriles. Franc-gruppens huvuduppgift var att identifiera och neutralisera informatörer som samarbetade med Gestapo, ofta motiverade av pengar.

I Nice hade en grupp vitryssar på ett tragiskt sätt utmärkt sig genom att ange dolda judar för att tjäna pengar på dem. Franc-gruppens uppgift var att fysiskt eliminera dem och skrämma de andra för att avskräcka dem från att fortsätta sin illvilliga verksamhet. Dessa åtgärder var inte enkla och stötte på inledande svårigheter, men med tiden lyckades de sätta stopp för vissa av dessa angivares handlingar och ingöt tillräckligt med rädsla för att andra skulle upphöra med sitt förräderi.

Kapitel 10

Motståndsgrupper

Groupe Franc var namnet på en motståndscell. Bland medlemmarna fanns Henri Porriles och hans bror Isidore Porriles samt Annette Zisman. Det fanns andra medlemmar vars namn jag inte minns. Dessa detaljer kan ibland försvinna ur minnet med tiden.

När vi träffade Maurice Brenner i Haute-Loire kände vi honom inte personligen sedan tidigare. Maurice hade en rekommendation för att underlätta kontakten. Brenner tog inte bara vårt ord för det, han genomförde ett fullskaligt förhör för att få exakta uppgifter om vår verksamhet och våra behov. Vi försåg honom med listor över mottagare med deras underskrifter för att bevisa att våra förfrågningar var legitima.

Det var tack vare Maurices starka rekommendation som vi till slut kunde vinna Brenners förtroende. Utan den hade det varit svårt, för att inte säga omöjligt, att få hans ekonomiska stöd. Rekommendationen bidrog till att övertyga Brenner om äktheten och allvaret i vår sak, vilket var avgörande för att upprätta en finansieringskanal för vår motståndsverksamhet.

Brenner hade uppenbarligen medlen till sitt förfogande personligen, vilket inte är förvånande med tanke på omständigheterna och bankrestriktionerna vid den tiden. Normala finans- och banktransaktioner var uppenbarligen komprometterade av kriget och ockupationen. Checkar och banköverföringar var uteslutna, allt skedde kontant och under bordet.

Det är möjligt att pengarna överlämnades fysiskt till Maurice och att han sedan vidarebefordrade dem till mig, men jag minns inte säkert. Detaljerna i denna transaktion är oklara för mig. Men oavsett om det handlade om 100 000 franc eller någon annan summa innebar det en avsevärd risk att transportera en så stor summa pengar.

Brenner bad om rapporter om vårt arbete, men ni måste förstå att vi inte hade råd att ha med oss detaljerade dokument om vår verksamhet. Det skulle ha varit extremt farligt. Vi tillhandahöll verkligen sammanfattande information, tillräckligt detaljerad för att försäkra honom om hur medlen skulle användas utan att äventyra vår säkerhet. På den tiden var man tvungen att vara mycket försiktig med vilken information man delade med sig av och hur man delade den. Trots allt lyckades vi övertyga honom om att vår sak var legitim och viktig.

Vi höll kontakten med Maurice Brenner efter vårt möte, även om jag aldrig såg honom personligen efteråt. Brenners finansiella stöd var en betydande "syreballong" för oss vid den tidpunkten, även om vi inte fick några ytterligare medel från Joint efteråt.

Vi har fortsatt att samla in pengar i Monte Carlo, och det är till stor del tack vare denna finansiering som vi har kunnat upprätthålla vår verksamhet. När det gäller de 100 000 francen så har vi inte delat ut detta belopp lättvindigt. Vi upprättade månatliga budgetar för att se till att vi kunde fortsätta på lång sikt. Denna summa räckte dock inte för att täcka våra behov fram till krigsslutet, men utan den, och utan ytterligare stöd från Monte-Carlo och enstaka donationer i Nice, skulle vi ha haft svårt att fortsätta.

De som fick falska dokument från oss bidrog ibland ekonomiskt, även om vi aldrig bad om något i gengäld. Vi klargjorde bara att om någon hade möjlighet så kunde deras donationer hjälpa till att förse människor utan resurser med dokument. Det är viktigt att komma ihåg att de personer som skapade de falska dokumenten och socialarbetarna behövde överleva. Även om vi inte kunde tala om löner avsatte vi medel för att täcka grundläggande behov som mat.

Det fanns en enhetlig skala för alla, beräknad för att köpa tillräckligt med mat för en månad. Utöver det kunde ingen räkna med vår hjälp för till exempel kläder eller hyra. Medlen var begränsade och vi var tvungna att hantera dessa resurser mycket noggrant för att säkerställa överlevnaden för alla i vårt nätverk.

Minnet är obevekligt och kan ibland spela oss ett spratt, särskilt efter så många år och så många viktiga händelser. Behovet av att korrigera och komplettera det vi har glömt är förståeligt, särskilt när det handlar om att hylla de människor som är kära i vår personliga och familjära historia.

Krigsperioden, som började 1939, var fylld av konsekvenser och sorg för min familj. Min mormors död i oktober var en väntad förlust på grund av hennes höga ålder och sjukdom. Tragedin fortsatte i december med min kusin Suzannes död, som bara var 20 år gammal och dog av barnsängsfeber efter förlossningen, en förödande händelse som inträffade under läkarvård.

I januari 1940 dog sedan min faster Mathilde, min fars syster, i magcancer. Jag minns fortfarande den utmattande prövning som hennes begravning var, där vi tvingades gå de 6 kilometerna mellan Lingolsheim och Wolfisheims kyrkogård under svåra väderförhållanden, med snö som nådde 50 till 60 centimeter. Det var en känslomässigt och fysiskt smärtsam tid.

När det gäller Montpellier verkar jag inte placera mina minnen där 1942 utan snarare 1941, även om datumen börjar suddas ut något med tidens gång. Dessa ögonblick i den personliga historien kan vara svåra att återge exakt, men det är viktigt att sammanföra dem så mycket som möjligt för att skapa en trovärdig bild av denna upplevelse.

Det är värdefullt att minnas dessa grundläggande ögonblick av lärande, även i sådana oroliga tider. Rabbi Schillys och Kolodnys undervisning var en grundpelare när det gällde att lära sig grunderna i hebreiska. De lektioner de gav var mycket mer än bara språklektioner, eftersom de förkroppsligade en koppling till vårt arv, vår kultur och vår identitet.

Det är viktigt att inte glömma bort Rav Hamburger, som introducerade så många människor till Gemara, innan han deporterades, zekher tzadik livracha, må hans minne vara en välsignelse. Deras undervisning och deras passion för Torah och Talmud var upplysande och motiverande trots yttre omständigheter. Särskilt Kolodny väckte vårt intresse för texterna i Shoftim (Domarna) och Shmuel (Samuel) och gav oss en djupare förståelse för hebreisk grammatik. Hans tålamod gjorde att vi kunde förstå de olika binyanim, eller verbala konstruktioner, som Kal, Piel, Hifil och Hithpael, samt regler för syntax och uttal som Vav hahipuch och tonisk accent.

Denna studieperiod har en särskild klangbotten för mig, eftersom den trots kriget representerar ett minne av personlig ansträngning och självdisciplin. Under min vistelse i Rom, under första halvåret 1942, när jag gick i skomakarskolan, ägnade jag mig åt att studera varje kväll. Beväpnad med en Humash och en Tanach, i mitt trånga, ouppvärmda rum, lyste bara en 25-watts glödlampa upp mitt skrivande, vilket tolererades av hyresvärdinnan. Dessa minnen av ensamma studier under så blygsamma förhållanden är en påminnelse om motståndskraft och engagemanget för att bevara kunskap och tradition trots utmaningarna.

I Nîmes introducerade Rav Swal mig till en värdefull rit: Kriyat Hathorah. Jag lyckades läsa den, Parchat Shemini, i den lokala synagogan i mars 1943. Publiken var visserligen sparsam, men man måste förstå sammanhanget vid den tiden, som präglades av den förtryckande närvaron av tyska patruller. Det fanns en påtaglig spänning i varje handling i det dagliga livet, och den troshandling som denna gemensamma läsning representerade gränsade nästan till hänsynslöshet.

Det är också viktigt att komma ihåg den särskilda situationen i den italienska zonen Nîmes, ett ämne som redan nämnts. Den mildhet som de italienska myndigheterna visade var inte resultatet av en spontan generositet. Angelo Donati, en italiensk-judisk bankir med säte i Nîmes, spelade en avgörande roll i denna affär. Hans uthållighet och inflytelserika kontakter med den italienska militären var grundläggande för utvecklingen och upprätthållandet av en politik för skydd av judarna, trots Vichyregimens påtryckningar, hotet från miliserna och den ständiga övervakningen från den nationella revolutionens ordningsmakt. Det är hans handlingskraft och engagemang som många har att tacka för sin räddning.

Donati, en person som jag aldrig träffade personligen, men vars rykte föregick hans aldrig träffade person. Hans ambitiösa plan var att underlätta överföringen av judar från den italienska zonen till Italien. Ja, jag tror att jag har berört detta ämne tidigare. De italienska soldaternas mod eller, för att vara exakt, brist på mod sattes på prov under de tyska truppernas framryckning. Deras hastiga flykt satte ett abrupt stopp för alla de evakueringsförsök som Donati hade iscensatt, och därmed gick hans plan i stöpet.

Det var september 1943, en period som präglades av mörka vändpunkter, särskilt Gestapos ankomst, synonymt med ökad terror. Vid den tidpunkten blev Saint-Martin-de-Vésubie en plats där utländska judar som ännu inte hade fångats i deportationens tumult tvingades bosätta sig. Ödet delade godtyckligt upp dessa flyktingar i olika grupper: en grupp kunde korsa gränsen och ta sin tillflykt till Italien, medan en annan fångades i fällan i norra Italien och därefter deporterades.

De som undkom nätet kunde tacka de italienska partisanernas envishet och hjälp för sin räddning. De överlevde, klamrade sig fast vid varje ögonblick av frihet och smälte in i hemlighetens skuggor. Varje andetag var ett ihärdigt motstånd mot förtryck, en kamp för existens även under de mörkaste timmarna i vår historia.

Det var just i detta ögonblick, i september 1943, som den tragiska historien om Jeannette Ewselmann utspelades. Hon var en scout i Nice som tillsammans med sin familj tillfångatogs av Gestapo, som just hade anlänt till staden. Av en slump, eller kanske på grund av en kombination av försiktighet och rädsla, bar hon en falsk identitet. Detta trick gjorde det möjligt för henne att fly från Hôtel Excelsior, som hade blivit ett tillfälligt fängelse för arresterade judar. Hon kunde än en gång känna frihetens luft, en frihet som dock var smärtsam eftersom hennes familj inte hade samma tur och sveptes med i deportationens svarta virvelvind.

Jag skrev också om Mario Simons skoaffär i Nice, där jag hade fått arbete när jag anlände till Nice 1943. Trots skuggan av mina hemliga aktiviteter, som började växa från september och framåt, behöll jag mitt jobb hos Mario Simon med regelbundenhet. Men när slutet av året närmade sig, i december 1943, tvingades jag ge upp denna mödosamma täckmantel. Jag var tvungen att ägna all min tid och alla mina ansträngningar åt motståndsrörelsen, eftersom kampen blev alltför krävande för att tillåta ett dubbelliv.

I februari 1943 minns jag vår kamrat Ernest Appenzeller, fängslad sedan december, som lyckades undvika ett tragiskt slut i Drancy genom att bestämt hävda att han inte var jude utan kristen. På ett sätt som undgår mig skickades ett dopintyg till honom, vilket gjorde att han frigavs i februari 1944. Det är lätt att föreställa sig den våg av lättnad och intensiv glädje som svepte över honom när han återfick sin frihet, en glädje som delades av alla oss som bevittnade hans lyckliga återkomst till Nice.

När det gäller mina äventyr i Nice minns jag, inte utan viss vaghet, restaurangen Abbaye Saint-Paul i gamla stan. Jag är inte säker på om jag har nämnt den tidigare, men det var en symbolisk plats i våra liv. Jag har för mig att det var Maurice Cachoud som lyckades bli vän med ägaren. Abbaye Saint-Paul hade blivit en tillflyktsort, en förlängning av vår vardag. Vi brukade unna oss pastarätter à la niçoise där, en ovärderlig lyx på den tiden eftersom de serverades utan ransoneringskuponger - ett rent och enkelt nöje i krigstidens umbäranden.

Men restaurangen spelade också en mer riskabel roll, nämligen som gömställe för handeldvapen. Det var inte utan fara eller förlägenhet, men jag måste erkänna att personalen på Abbaye Saint-Paul visade anmärkningsvärd förståelse och stöd. Detta var handlingar av diskret motstånd, men av avgörande betydelse, som jag skulle vilja lyfta fram och minnas med tacksamhet.

Jag gick inte till Sankt Pauls kloster varje dag. Dessa besök var begränsade; trots allt var vi fortfarande tvungna att betala för våra måltider, även om det var utan ransoneringskuponger. Vi träffades där en eller tre gånger i veckan. Och ja, hyresvärdarna var väl medvetna om våra aktiviteter, även om ämnet förblev tabu och bara berördes i antydningar. De var starkt pro-gaullistiska, vilket ledde till en ömsesidig samhörighet och förståelse för våra avsikter och handlingar inom motståndsrörelsen.

Den ekonomiska situationen för de människor vi hjälpte blev alltmer desperat. Det fanns dock nytt hopp när Nice stadshus organiserade ett evakueringsprogram till landsbygdsområden där livsmedel var mer lättillgängliga. Vi utnyttjade omedelbart denna möjlighet och organiserade många familjers avresa. Dessutom gav de evakueringsdokument som utfärdades av stadshuset ytterligare trovärdighet åt deras falska identiteter, vilket stärkte deras säkerhet. I februari hade vi fortfarande ansvar för cirka 430 personer.

Jag skulle nu vilja tala om pastor Evrard. Efter kriget, 1945, kallades Evrard för att vittna om sin hemliga verksamhet. Hans vittnesmål efterfrågades av ett antal organ, däribland Nice rådhus, Paris stad, Spanien och Nice dokumentationscentrum. Hans engagemang och roll under dessa mörka år erkändes och dokumenterades på detta sätt, en hyllning till hans mod och bidrag till den underjordiska kampen.

I pastor Évrards uttalande ges gripande detaljer om hans engagemang, hur han träffade och stödde Raymond Heymann och Maurice Cachoud, ledare för det judiska motståndet i Nice. Han beskriver hur han och hans söner tog aktiv del i att hjälpa jagade judar. De hjälpte till att hålla de förföljda i säkerhet och försåg dem med förnödenheter, med ett mod vars ständiga fara inte kan ignoreras. Från identitetskort till gästfrihet, deras handlingar var eldar som brann i förtryckets mörker.

Han talade också om organisationen av Purim-firandet i sitt tempel, där läsningen av Megillah var ett ögonblick av stor symbolik och djup andlig upphöjelse. Detta evenemang hölls mot alla odds, en onsdag sen eftermiddag, när de troende anlände på cyklar som för att markera den dagliga rutinen, men med en sällsynt trotsig resonans. Évrard stannade hos sin familj, medan hans söner tog hand om säkerheten för samlingen.

Genom att erkänna sin medvetenhet om krigets verklighet och den kritiska situation de befann sig i kunde de ändå, under en kväll, övervinna rädslan och försätta deltagarna i en atmosfär där tanken stod över förtrycket. Parallellerna till Megillahs historia kunde inte ha varit mer gripande och placerade varje deltagare i spegeln av en samtida tragedi, där varje ord som lästes resonerade med deras egen kamp för överlevnad och frihet.

Varje gest, varje sammankomst, varje handling var fylld av fara under denna period. Pastor Évrard var väl medveten om detta: att investera sitt tempel i kampen och organisera sammankomster som purimfirandet innebar att spela för allt vad det var värt. Det var lite som att försöka sig på en riskabel manöver vid en bro, en återvändsgränd: man var tvungen att noggrant bedöma de risker som skulle tas, de som kunde motiveras och de som till varje pris skulle undvikas.

Det verkar som om att röra sig i staden eller gå till rue Vernier inte i sig utgjorde en betydligt större risk än någon annan stadsrörelse vid den tiden. Men om Gestapo hade gjort en räd mot en av dessa sammankomster skulle konsekvenserna ha blivit förödande, utan skuggan av ett tvivel.

När det gäller antalet närvarande personer var vi nio män, åtföljda av de unga flickorna. En liten, intim samling, på jakt efter andlighet och gemenskap trots den tyngd av terror som hängde över den ockuperade staden. Varje möte, varje bön hade motståndets tyngd, subversionens andedräkt mot en ändlös natt som tycktes omsluta världen.

Det ledarskap som var närvarande den dagen för purimfirandet bestod av individer som kunde mobiliseras. Det som är viktigt här är att sammankomsterna var sällsynta och att var och en av dessa personer tog risker, väl medvetna om de faror de löpte.

Pastor Évrards vittnesmål kastar ljus över andra händelser, till exempel den tragiska historien om fru Vera Kogan, som försökte avsluta sitt liv genom att förgifta sig själv. Denna berättelse var främmande för er grupp och ert engagemang; det är en anekdot som uteslutande rapporterats av pastorn. Det verkar som om hon lades in på sjukhus och sedan lämnades så länge som möjligt på Pasteur-sjukhuset för att skydda henne. Men till slut fördes hon tillbaka till Hotel Excelsior, där Gestapo hade upprättat sitt högkvarter.

Mötet med Gérard, en av Gestapos ledare på Hotel Excelsior, belyser den psykologiska dyaden inom denna skräckinjagande organisation. Å ena sidan beskriver Évrard Schulz, en lugn och artig man, men ändå känd för sin sadism, som är baserad på Hotel Hermitage. Å andra sidan finns Kraus på Hotel Excelsior, en personlighet som beskrivs som dement och extremt brutal, känd för sina skrämmande vredesutbrott och våldsamma förhörsmetoder. Eckerle framstår som mer moderat och utgör en motpol till de två första. Gérard, även om han var rå och impulsiv, verkade ha ett visst inflytande över Eckerle, och även om han var primitiv och rå var han kapabel till "bra drag", kanske mildhet under vissa omständigheter.

Vad dessa anekdoter illustrerar är hur komplex och farlig situationen var för motståndsmän och judar i Nice under ockupationen. Varje handling, varje möte, varje gest var fylld av spänning, och de personligheter man mötte kunde betyda skillnaden mellan liv och död.

I sitt möte med Gérard, en inflytelserik medlem av Gestapo, använde pastor Évrard en strategi för att tala om ett förflutet där han hade ägnat sig åt försoning mellan nationer och framhävde sin påstådda hjälp till tyskarna före kriget. Denna berättelse verkar ha genomsyrats av humanitet och övertalning, i syfte att minska spänningarna och manipulera situationen till fru Kogans fördel. Trots att pastorn var skeptisk till fru Kogans chanser att bli befriad använde han sin känslomässiga intelligens för att väcka mottaglighet hos Gérard, som förmodligen var tysk. Till hans stora förvåning, och tack vare det ingripande som han hade initierat, frigavs fru Kogan och riktade sig mot honom för att uttrycka sin tacksamhet.

Maurice Cachouds rykte utanför Nice var redan väl etablerat. Det var inte han som tillverkade de falska papperen, men han spelade en avgörande roll för att underlätta kontakterna mellan de olika lokala motståndsrörelserna och Mouvement de Libération Nationale (MLN). Hans förmåga att leverera papper från det lokala laboratoriet via stadens ekonomiska kanaler hade gjort honom känd ända till Paris. Detta ledde till att han utsågs till nationell chef för MLN:s förfalskningslaboratorium, en befattning som kallade honom till Paris.

Fallet Maurice Cachoud visar hur komplex och flexibel motståndsrörelsens verksamhet är. Trots att förfalskningslaboratoriet i Nice var i drift ansvarade Maurice Cachoud för att organisera en ny verkstad i Paris. Även om han inte startade sitt projekt från grunden, eftersom resurser och strukturer redan fanns i Paris, var hans bidrag att göra denna workshop mer effektiv och operativ och dra nytta av det som fanns tillgängligt.

Det som utmärkte Maurice Cachoud var hans organisationsförmåga, hans djärvhet och, på jiddisch, hans "chutzpah" - denna ovanliga djärvhet och vitalitet som lämnade ett bestående intryck. Han var känd för att öppna dörrar som andra skulle ha trott var stängda, och flirtade ofta med en nästan otrolig hänsynslöshet. Detta spelade honom några beklagliga spratt senare, även om han samtidigt alltid var oerhört mån om säkerheten för dem som arbetade med honom.

När det gäller kontakterna med Maurice efter februari var de inte brutna, men de hade naturligtvis blivit mer komplicerade och mer sällan förekommande. Utan telefon och vid en tidpunkt då diskretion var avgörande upprättades kontakten ofta genom resor mellan Nice och Paris, av olika skäl. Dessa resor var ett tillfälle att utbyta information och upprätthålla en förbindelse, även om den inte hade samma regelbundenhet som en organiserad korrespondens.

Sedan Maurice Cachoud flyttat till Paris för att ta hand om förfalskningslaboratoriet förblev jag ansvarig för socialhjälpssektorn, medan Henri Porriles koncentrerade sig mer på självförsvarsgruppen. När det gäller denna grupps militanta och direkta aktioner skall jag återge en beskrivning som Henri Porriles gav av en operation som utfördes av franc-gruppen.

I Henri Porriles berättelse beskrivs ett bakhåll som organiserades mot Georges Karakayev. Denne man, av ryskt ursprung, delade sin tid mellan konstnärligt måleri och den mer allvarliga verksamheten att ange judar för fienden. En strategi med spionage och förförelse av en ung flicka i gruppen hjälpte till att identifiera honom och ordna ett möte. På den överenskomna dagen dök flickan upp, men hon hade inte kommit ensam - de beväpnade medlemmarna i den frankiska gruppen var redo att agera. De utförde aktionen på sina cyklar och informatören neutraliserades snabbt.

När jag tänker på antalet mål som den frankiska gruppen kunde eliminera på detta sätt kan jag inte ge en exakt siffra och jag föredrar att inte göra några antaganden. Dessa siffror måste framgå av vittnesmålen från deltagarna i de olika operationerna, som jag inte deltog i. Det var framför allt Henris bror, Isidor Porriles, med smeknamnet Zizi, som var aktiv i dessa uppdrag. Han var en nyckelperson i dessa operationer, även om han inte var den enda.

Bland hans kamrater i strid fanns Annette Zisman och Marc Lévy, den senare hade anslutit sig till Israel 1948 där han dog under självständighetskriget, samt Lucien Rubel. Detta är de viktigaste medlemmarna i laget som jag minns, även om jag kanske har glömt några av dem.

Ernest Appenzeller, som nämndes tidigare, deltog också i dessa operationer. Han var faktiskt också en del av denna kamp, denna hemliga kamp som fördes med mod och beslutsamhet. Zizi, vars riktiga namn var Isidor Porriles, och Ernest Appenzeller var verkligen ett aktivt par inom motståndsrörelsen, även om jag inte skulle säga att de var oskiljaktiga. De arbetade nära och effektivt som ett team, var och en med en roll att spela i de operationer som skulle genomföras.

Från och med april minskade arresteringarna och angiverierna från vitryssarna - dessa antikommunistiska ryska emigranter - även om faran för sådana förräderier kvarstod fram till landstigningen i Provence. När det gäller Franc-gruppens särdrag var det utan tvekan de personliga egenskaperna hos dess medlemmar som gjorde dem benägna att ägna sig åt sådana högriskaktiviteter. Vissa var naturligt benägna till våghalsiga, operativa handlingar, medan andra var mer inriktade på hjälp och stöd. Det fanns de som hade fräckheten att ta sig an farorna, och sedan fanns det de som, utan vapen eller försvarsmedel, riskerade lika mycket genom att agera i skuggorna, ofta lämnade åt sitt öde och mycket sårbara.

De ungdomar som engagerade sig i det hemliga biståndet, inte bara i Nice utan i hela Frankrike, var ofta oerfarna och utsattes för oerhörda faror, ibland utan möjlighet att försvara sig. Dessa unga människor utsatte sig för avsevärda risker och det är sant att de ofta var "skiträdda" för omfattningen av det hela. Mod mäts inte bara i förmågan att möta faror med vapen i hand; deras engagemang var lika ädelt och deras handlingar lika heroiska.

Slutligen vill jag nämna gripandet i början av mars av min farbror, Louis Hallel, i Montélimar och den mirakulösa räddningen av hans familj, som varnades av grannar och kunde gömma sig och ansluta sig till mina föräldrar i Aix-les-Bains. Detta visar på den solidaritet och ömsesidiga hjälp som spelade en avgörande roll för överlevnaden i en fientlig och farlig miljö. Varje handling, stor eller liten, vittnar om motståndskraften och modet hos dem som genomlevde dessa mörka tider.

När Pesach närmade sig blev frågan om matzot ännu mer akut, i ett sammanhang där varje beståndsdel i traditionen fick ännu större betydelse. Det var tack vare vår kamrat Jacques Neufelds uppfinningsrikedom som vi kunde övervinna detta hinder. Han lyckades få tag på mjöl och hittade en kexfabrik som vi kunde göra kosher. Detta gjorde det möjligt för oss att tillverka de nödvändiga matzot, som delades ut av våra assistenter före Pesach.

Under en resa till Le Puy i januari fick jag tillfälle att träffa Jean Poliatschek, son till en rabbin från Altkirch i Haut-Rhin. Jag bjöd in mig själv till hans hus för att inleda Pesach och Seder. Beväpnad med mina matzot, som jag hade burit i min ryggsäck, begav jag mig till Le Puy. Där började Pesach med Seder i bakre rummet på en restaurang, där vi reciterade Haggadah till ljudet av stövlarna från de mongoliska soldaterna från den tyska armén som var stationerad i staden.

Nästa dag, trots den hotfulla miljön, hölls en tefila på en diskret plats och vi njöt av landsbygden på eftermiddagen. Det var en särskilt upplyftande upplevelse som visade hur beslutsamma unga judar är att hävda sin judiska identitet och sin tillhörighet till sitt folk, även när de möter motgångar och till och med provokationer. Ett andligt motstånd som i de mörkaste av tider får sin fulla innebörd och blir en handling av uppror och bevarande av det judiska kulturella och religiösa arvet.

Mina föräldrar bodde faktiskt i Aix-les-Bains under den här perioden. När det gäller mitt val att fira Pesach i Le Puy i stället för hos dem, så var det av säkerhetsskäl. Vid den tidpunkten var det mindre riskfyllt att resa till Le Puy än till Aix. Detta beslut, som besvarar er relevanta fråga, vägleddes av försiktighet i dessa osäkra tider.

Efter Pesach-firandet begav jag mig till Vichy, där jag hade planerat att träffa min syster Simone. Hon skulle resa från Aix till Vichy, och vår avsikt var att besöka kusiner som gömde sig i Châtelmontagne, inte långt från staden. Men när jag kom till stationen i Vichy fick jag ett oroande välkomnande. Min kusin, vars hus vi skulle besöka, informerade mig om att Gestapo hade sökt igenom hennes hem och arresterat hennes syster. Inför denna situation var det inte längre ett alternativ för oss att åka till deras hus. Så Simone bestämde sig för att åka direkt tillbaka till Aix-les-Bains, medan jag gömde mig i några dagar hos kusiner i en annan stad för att undvika att fastna i Gestapos nät. Det var en tid då minsta lilla beslut kunde få ödesdigra konsekvenser, och vaksamhet var vår ständiga följeslagare.

Gården i Châtelmontagne, där mina kusiner och min farbror Herschel gömde sig, utgjorde en exceptionell fristad med förnödenheter som gav dem en bekväm livskvalitet under dessa svåra omständigheter. De åtnjöt relativ frihet och kunde röra sig inom gårdens gränser och i den närmaste omgivningen i byn.

Även om de hade en viss rörelsefrihet inom detta område, förblev de diskreta om sin identitet. Levnadsförhållandena innebar inte att de ständigt var instängda i ett begränsat utrymme, utan att de inte fick visa sin närvaro och sin judiska identitet offentligt. Mina kusiner och min farbror var faktiskt inte begränsade till ett enda slutet utrymme; de var inte instängda i ett rum eller på en vind och hade råd att gå ut.

Kapitel 11

Judarnas överlevnad

Säkerheten i deras situation berodde dock till stor del på deras grannars medgörlighet och diskretion. Även om de senare misstänkte att dessa nya "bönder" inte var från regionen, gjorde deras pro-gaullistiska inställning dem pålitliga och de erbjöd sitt tysta stöd.

De judar som gömde sig i Frankrike under andra världskriget befann sig i en mycket varierad verklighet, som stod i skarp kontrast till vad man kunde föreställa sig genom att hänvisa till fall som Anne Frank i Nederländerna. I Frankrike förblev vissa mycket instängda, medan andra antog falska identiteter för att smälta in i omgivningen. Kort sagt, människors förmåga att gömma sig och upprätthålla en form av anonymitet varierade kraftigt, från semi-autonomi till mer allvarliga begränsningar av deras rörelsefrihet.

Den individuella karaktären spelade en avgörande roll för hur människor hanterade sin säkerhet under denna period av förföljelse. Vissa, som av naturen var mer våghalsiga, tog ibland för stora risker, vilket tragiskt nog ledde till att de deporterades. Andra, som var mer försiktiga, fick också betala ett högt pris; våghalsighet kunde inte pekas ut som den enda orsaken till att de tillfångatogs av tyskarna. Under den stora razzian i Nice undvek de som kände till den att gå längs vissa gator, särskilt i musikerområdet runt rue Rossini, som var ett favoritmål för tyskarna. Huvudgatorna i centrum, avenue de la Victoire (idag avenue Jean Médecin) och de omgivande gatorna, med sina affärer och bostäder, var särskilt riskfyllda och skulle undvikas till varje pris.

Allteftersom månaderna gick och ronderingarna minskade, slappnade vaksamheten av i viss utsträckning, enligt principen om kommunicerande fartyg. Under flera månader hade jag själv förbjudit mig själv att vistas på Avenue de la Victoire, men mot slutet av våren 1944, med rätt eller orätt, blev denna reserv mindre strikt.

Som en del av min samordnande roll med socialarbetarna reste jag mycket i stadsdelar som ansågs mindre farliga. Jag cyklade och undvek områden som var alltför utsatta. När min farbror Louis greps i Montélimar i början av mars - en händelse som jag redan har nämnt - var min faster och kusin Hubert tvungna att fly till Aix-les-Bains för att söka skydd hos mina föräldrar. Denna episod illustrerar hur osäker och brådskande situationen var för många judiska familjer vid den tiden.

Min farbror, som deporterades efter att ha gripits, drabbades tyvärr av ett öde som delas av många andra. Inför detta överhängande hot beslutade mina föräldrar att korsa gränsen till Schweiz. Min unge kusin Hubert skickades först över i en barnkonvoj i början av april, ett relativt vanligt förfarande vid den tiden för att försöka få barn i säkerhet. Mina föräldrar och moster Blanche följde efter i slutet av månaden. De internerades i Schweiz, vilket framgår av deras interneringskort daterat den 26 maj 1944.

Min syster Simone försörjde sig under tiden under antaget namn i Chambéry, där hon arbetade för välgörenhetsorganisationen "Aide aux Mères". Denna välgörenhetsorganisation erbjöd stöd till familjer som just hade fått en ny bebis och hjälpte till med barnomsorg och hushållssysslor.

För överfarten till Schweiz baserades organisationen på de lokala smugglarnas diskretion och perfekta terrängkännedom. De var tvungna att vara experter på stigarna och informerade om de tyska patrullernas scheman för att öka chanserna till en lyckad överfart. Som tack för sina tjänster fick dessa kurirer betalt, även om överfarten ofta sköts upp på grund av den ökade närvaron av tyska trupper vid gränsen. Slutligen ledde de människorna till en viss punkt innan de lät dem fortsätta på egen hand.

När det gäller den grupp barn som Hubert integrerades med minns jag inte exakt hur denna konvoj organiserades, men det fanns många initiativ vid den tiden, ofta ad hoc, ledda av organisationer som Œuvre de Secours aux Enfants (OSE) eller på en mer informell grund, med grupper av barn som transiterade på olika vägar för att nå Schweiz eller någon annanstans i säkerhet.

Ja, det fanns ett visst mått av samordning mellan de olika organisationer som ägnade sig åt att hjälpa judar, särskilt barn, och hjälpa dem att ta sig igenom. Trots detta krävde den prekära situationen och de särskilda omständigheterna för varje enskild individ ofta privata eller personliga initiativ snarare än rent organiserade åtgärder.

Organisationer som Éclaireurs israélites (EI) och Mouvement de la jeunesse sioniste (MJS), liksom Œuvre de Secours aux Enfants (OSE), genomförde strukturerade och välorganiserade operationer för att smuggla barn, men de många olika sammanhangen och behoven innebar att de metoder som användes varierade kraftigt.

För att ta oss in i Schweiz var vi tvungna att hitta en smugglare. Min syster tog kontakt med honom för att hjälpa mina föräldrar att ta sig över gränsen. Smugglaren valde rätt tillfälle utifrån den information han hade om de tyska patrullerna och guidade människor till gränsen innan han visade dem vilken väg de skulle ta på egen hand.

När det gäller de barn som organiserades i grupper för att korsa gränsen, även om jag inte har alla detaljer, är det säkert att flera grupper bildades och att de korsade tack vare olika nätverk och organisationer, av vilka vissa kan ha varit ad hoc, utan någon fast anknytning till en räddningsstruktur.

När jag återvände till Nice i april 1944 fick jag bevittna en förödande scen i Abbaye Saint-Paul. Monique Picard, en bekant från Montpellier, kom förtvivlad till mig för att berätta att hennes bror hade gripits vid en razzia på ett barnhem i närheten av Grasse. Trots våra försök att skicka honom ett dopcertifikat, vilket förmodligen skulle ha gjort det möjligt för honom att släppas, kunde förvirringen kring hans identitet inte förhindra att han deporterades, eftersom han var registrerad under sin mors födelsenamn, Cerf, och inte under namnet Picard på certifikatet.

När det gäller mina resor till Monte Carlo skapade räderna där också en påtaglig spänning. Mina kontakter, Georges Bloch och Elie Cohen, var tvungna att gömma sig. De hade också försökt ta sig över gränsen till Schweiz, men arresterades. De verkar ha kunnat betala för sin frigivning, även om de exakta omständigheterna förblir oklara. De bytte adress i Monte Carlo för att fortsätta att undgå upptäckt.

Tillträde till stränderna var förbjudet under kriget, särskilt efter den tyska ockupationen, då befästningar installerades i väntan på en eventuell allierad landstigning. Promenade des Anglais och tillfartsgatorna blockerades av betonghinder. Innan tyskarna kom var strandpromenaden en livlig plats för Nice-borna och judarna.

Trots allt detta förblev jag personligen engagerad i det judiska livet, och varje sabbatseftermiddag gick jag för att studera veckans Parashah med Prosper Weil, en tonåring vars familj från Bouxwiller hade tagit sin tillflykt till Nice. Detta skedde trots Gestapos närhet, ett bevis på motståndskraft mot förtryck.

Weills hade flytt från Alsace och tagit sin tillflykt till Nice, en inre exil fylld av osäkerhet och dagarnas tyngd. På den tiden var det en motståndshandling i sig att lyssna på Radio France Libre från London, med tanke på förbudet mot att äga en radio. Även om jag själv inte hade någon radio kände jag tillräckligt många människor vars hem i hemlighet var inställda på frihetens vågor. Nyhetssändningar nådde oss, höll oss informerade och fick oss att hoppas på landningen våren -44.

Nyheterna från Italien var bittra: de allierade kämpade hårt, men gjorde irriterande långsamma framsteg till en ständigt ökande mänsklig kostnad. Mussolini, för sin del, misslyckades inte med att visa sin vanliga arrogans. Våra deporterade landsmäns öde var tillräckligt för att plåga oss dag och natt; vi fruktade det onämnbara, utan att någonsin kunna förutse den verkliga skräcken för vad de utsattes för, en verklighet som var bortom mänsklig fattningsförmåga. Det var först efter befrielsen som sanningen uppenbarades för oss i all sin brutalitet, en skräck som överträffade våra mörkaste fantasier.

Chockvågen från dessa avslöjanden måste balanseras av solidaritet, eftersom moralen hos varje medlem i vår grupp var lidande. Skilda från våra familjer var det en ständig kamp att hålla huvudet ovanför vattenytan, att fortsätta hoppas. När nyheten om landstigningen nådde oss den 6 juni 1944 var det en monumental lättnad som överväldigade oss alla, en andedräkt av hopp om befrielse som skakade våra hjärtan.

Denna ljusglimt förändrade dock inte våra aktuella problem: livsmedelsbristen förvärrades och arresteringarna fortsatte. Vid denna kritiska tidpunkt hade vi inrättat ett hotellrum som ett hemligt sekretariat tack vare medverkan av de gaullistvänliga ägarna till Hotel Assalit, som ligger nära stationen i Nice. Det var där som Jacqueline Cotliard, i egenskap av sekreterare, tog emot och vidarebefordrade de falska papper som laboratoriet hade tagit fram och som var nödvändiga för vår kamp för överlevnad.

Trots påtryckningarna hade Hotel Assalit blivit ett mikrokosmos av motstånd, en plats som var nästan vanlig på ytan, men som var skådeplatsen för olagliga men nödvändiga handlingar. Försiktighet var dagens ordning; vid minsta tecken på misstanke gömdes allt under en madrass. Jacqueline arbetade ofta ensam där, och vi kom bara för att lämna eller ta emot avgörande information, och alltid under de diskreta timmarna på morgonen och eftermiddagen.

Under denna period i Nice tog vi hand om cirka 430 personer, en siffra som har förblivit relativt stabil sedan den senaste räkningen. Ansiktena var inte nödvändigtvis desamma, det är sant. Vissa hade svepts bort av deportationernas terror, och vi hade sett nya fall anlända. Personer som hittills hade hållit tyst av stolthet eller rädsla visade sig för oss, drivna av förtvivlan. Deras reserver minskade med tiden, och bristen gav dem inget annat val än att söka hjälp.

Tidigare, innan vi nådde detta antal på 430, hade vi lyckats omfördela en del flyktingar till områden där det var lättare att få tag på förnödenheter. Resultatet blev att vi, trots små variationer, hamnade runt 430 och insatserna förblev höga. Vår ekonomiska situation blev dock alltmer oroande. Vi hade fortfarande en nödreserv, en "säkerhetsbuffert", men den krympte på ett oroväckande sätt. Så jag bestämde mig för att åka till Paris och be Maurice om hjälp. Jag hittade honom på Hotel Montpensier, men nyheterna var inte goda när det gällde ekonomiskt stöd.

Ändå fick jag tillfälle att observera uppfinningsrikedomen och djärvheten i hans arbete. På esplanaden des Invalides, under hemliga möten som kallades "cachoudmöten", organiserade Maurice en intensiv distribution av falska papper, och varje utbyte genomsyrades av passion och brådska. Trots detta förblev våra ekonomiska resurser begränsade. Men det grymma ödet hann ikapp oss den 18 juli. Maurice och hans följeslagare föll i ett bakhåll iscensatt av dubbelagenten Charles Porel. Han utlovade vapen med fallskärm från England, men ledde dem raka vägen till Gestapo. Maurice, Ernest Appenzeller, rabbinen René Kapel och andra tillfångatogs; trots att Maurice torterades avslöjade han ingenting.

Efter denna tragiska händelse bröts våra kommunikationsvägar. Vi hade ingen direktkontakt med Maurices familj och hans adress var okänd för oss. Det var först senare som vi fick höra om hans tragiska öde. Ett möte hölls på Tisha B'Av, den 30 juli, då vi fick höra den fruktansvärda nyheten. Det var i Madame Nardis lägenhet på Château Roussey-Gouran, en plats som vi alltid hade betraktat som säker.

Desperat men fast besluten att fortsätta valde jag att pröva lyckan i Monte Carlo, efter en adress från Georges Bloch. Det var svårt att ta sig fram på grund av tyska militära installationer, vägspärrar och minhot. Förstörelsen av Gare Saint-Roch hade kraftigt försämrat järnvägsförbindelserna till Monte Carlo, vilket gjorde uppgiften ännu svårare.

För att maximera mina chanser valde jag en scoutförklädnad, hatt på huvudet och shorts. Så klädd gav jag mig ut på vägen. Rutten var komplicerad, med sträckor som avverkades till fots och med buss. Till slut kom jag fram till min destination, familjen Gessulas hem, som verkade ganska förvånade över att se någon av min sort dyka upp. Ändå gav de mig ett mycket varmt välkomnande. De kunde ge mig en liten summa pengar och åtog sig att försöka samla in mer från sina släktingar.

På morgonen den 15 augusti vaknade jag av det öronbedövande ljudet av skottlossning. Rök steg upp på avstånd, ett tecken på de explosioner som präglade de allierades landstigningar i Provence, särskilt i Var. Det skulle dröja nästan två veckor innan Nice befriades. Under tiden hade ett femtontal judar arresterats och befann sig i Gestapos händer. Transporten till Drancy var inte längre möjlig, eftersom järnvägslinjerna hade skurits av. Vi fruktade att tyskarna skulle utföra avrättningar eller tortyr i ett sista barbariskt anfall. Lyckligtvis släpptes alla fångar. Våra farhågor hade visat sig vara obefogade. Tyskarna hade fått panik av tanken på att vara omringade och hade flytt i all hast, utan att ha tid att organisera mer våld.

Det var en period av förvirring, och vi visste inte riktigt vad vi skulle förvänta oss. Var det verkligen slutet på konflikten? Vi visste åtminstone att en avgörande vändpunkt var nära förestående. De allierades avsikter var dock inte tydliga för oss, eftersom deras omedelbara mål tycktes vara att avancera norrut och lämna Nice lite vid sidan om.

I slutändan var det de amerikanska soldaterna som anlände först, snarare än den franska motståndsrörelsens styrkor. Den tyska närvaron minskade dock snabbt, delvis tack vare maquisens agerande. I vilken utsträckning påverkade Maquis den tyska reträtten? Det är svårt att säga, men vi var medvetna om deras närvaro och hade till och med kopplingar till flera grupper som vi försåg med förfalskade dokument. Samma grupper försåg oss med vapen till de franska stridskrafterna.

Den 27 augusti fick vi instruktioner från vår lokala motståndsledare. Vi var anslutna till det kommunistiska FTP, Francs-Tireurs et Partisans, under ledning av René Cantat. Tack vare deras nätverk hade vi mobiliserats för att neutralisera blockhuset på avenue de la gare i Nice. Vi hade fått order om att röra oss mot målet med största försiktighet och att inte exponera oss. Detta var ingen lätt uppgift, men vi lyckades placera oss på ett avstånd där vi kunde ta upp kampen med fienden. För tillfället hade vi utrustats med vapen - gevär, inget särskilt avancerat, men det var allt vi hade.

Så snart vi avlossade våra första skott svarade tyskarna snabbt med intensiv eldgivning. Lyckligtvis blev det inga förluster på vår sida. Efter en stund informerade en av våra utkiksposter, som befann sig högre upp i en närliggande byggnad, oss om att tyskarna övergav sin position och sköt för att dölja sin reträtt.

Ungefär en halvtimme senare ryckte vi fram och efter ytterligare några eldväxlingar upptäckte vi att tyskarna hade utrymt blockhuset och dragit sig tillbaka. Vi visste inte om de hade lidit några förluster, men det viktigaste för oss var att våra var i säkerhet.

På morgonen den 28 augusti spreds nyheten att det inte längre fanns några tyskar i staden. De vanliga barackerna och checkpointsen hade övergivits. De amerikanska trupperna befann sig i Saint-Laurent-du-Var, strax utanför Nice. Jag cyklade mot Arenas, väster om staden, och hittade amerikanska soldater som satt på trottoarerna och svalkade sig och åt sina ransoner. De såg utmattade ut och deras utrustning vägde tungt på axlarna. När de reste sig för att gå vidare gick de långsamt. Det var alltså inte en triumferande segerparad, utan snarare trötta soldaters mödosamma framfart, utan fanfar eller ceremoni.

När det gäller ursprunget för de amerikanska soldater vi träffade är det sant att jag inte kan ge dig ett exakt svar. De skulle ha kunnat komma från Nordafrika och ingå i den italienska kampanjen, men det skulle kräva specifika militära kunskaper. När det gäller den order vi hade fått var den att samlas i Cimiez för att leta efter den prefekt som hade utsetts att gömma sig, en viss Moyon. På vägen hittade jag en övergiven Peugeot som jag tillfälligt rekvirerade för att tillsammans med några kamrater följa processionen till prefekturen. Staden svämmade över av glädje när människor kantade trottoarerna för att fira denna betydelsefulla händelse.

Moyon var alltså den nye prefekten i Nice, en socialist som utsetts av motståndsorganisationerna till provisorisk prefekt. En av våra kamrater tog då initiativ till att omedelbart storma den judiska polisstationen. Det var en helt öde plats, vi möttes av en vettskrämd vakt som lät oss ta lokalerna i besittning. Detta gjorde det möjligt för oss att överföra vår verksamhet från hemlighetsmakeri till öppen synlighet.

När det gäller arkiven på polisstationen var det inte vi som ansvarade för att ta fram dem, utan snarare specialiserade motståndsgrupper. Vad jag kunde hitta på kommissariens skrivbord, som jag senare besatte som chef för kontoret, var olika officiella stämplar, men vid den tidpunkten verkade tanken på att spara dessa dokument som bevis för ett eventuellt vittnesmål avlägsen för mig, och i den akuta situationen var det inte min prioritet.

Vi hade en rad kontor till vårt förfogande, och mycket snabbt kom judar ut från sina gömställen för att träffa oss, i hopp om att vi skulle kunna reda ut deras många bekymmer. Detta var innan vi ens hade upprättat ett organiserat system, och det var nödvändigt att förse dem med mat. Våra kassor var tomma, men vi fick på ett mirakulöst sätt medel från en oväntad källa. Jag kan inte säga varifrån detta överraskande bidrag kom, men vi fick en donation på 750 000 franc från den regionala motståndskommittén, en summa som var oerhört värdefull för att täcka de mest akuta behoven hos dem som kom till oss.

De medel som vi hade erhållit användes som nödhjälp till familjer vars listor vi hade fört under vår gömdhet. Vid detta tillfälle uppdagades nya fall och kriterierna för att fördela hjälpen var till en början inte klart fastställda. Vi var tvungna att fatta snabba beslut för att ge första hjälpen, utan att ha någon formell erfarenhet av socialt arbete. Vi förlitade oss i hög grad på sunt förnuft och beslutsamhet hos dem som improviserade sig fram som socialarbetare på plats.

Samtidigt som vi anpassade oss till denna nya verklighet och vår övergång till en uttalat social roll, trädde också hjälpnätverket fram ur skuggorna. Moussa Abadi hade i samarbete med OSE (Œuvre de Secours aux Enfants) organiserat ett nätverk för att rädda judiska barn som hade gömts undan på katolska institutioner i regionen. Med stöd från biskopsdömet förde miss Lagache noggranna register över sina skyddslingar. När jag en dag följde med Moussa Abadi till biskopspalatset bevittnade jag den uppskattning och värme med vilken han togs emot.

Abadi tog hand om flera hundra barn - det exakta antalet minns jag inte, men det var mellan 100 och 200, med tanke på att en del hade skickats till Schweiz eller någon annanstans. Rogovski, en vit ryss och tidigare medlem av Kerenskijs regering, och hans trogna sekreterare Olga Mas, hade också kommit ut ur sitt gömställe. Under ockupationen hade de hjälpt judar och möjligen icke-judar i det ryska samhället.

Kapitel 12

En barndom med judiskt martyrskap

Efter befrielsen började de gömda barnen återföras till sina familjer, under Abadis ledning. Han var också ansvarig för att betala internatkostnaderna i mottagningsinstitutionerna, även om källan till hans medel är okänd för mig. Det är säkert att några föräldralösa barn blev kvar, men jag kan inte ge några detaljer.

I och med befrielsen började livet återgå till det normala i det judiska samhället. Människor kunde börja återta sina ägodelar och hitta arbete, ett tecken på en långsam återgång till en tillvaro som var mindre präglad av brådskande omedelbara behov och krigets fasor. Övergången från ockupationsåren till efterkrigstiden präglades av extremt varierande personliga situationer. Vissa personer kunde snabbt återuppta sin yrkesverksamhet, medan andra led av att deras affärer hade anförtrotts provisoriska administratörer, inte utan att de ibland blev bestulna under processen.

Det fanns ingen enhetlig regel för återvinning av tillgångar och verksamheter. De mest driftiga började återuppbygga sina verksamheter där det var möjligt, medan andra stötte på allvarliga svårigheter. Allt detta skedde gradvis, och förändringarna skedde inte omedelbart efter befrielsen. De första dagarna av nyvunnen frihet präglades av en viss förvirring och eufori; vi visste inte alltid vad vi skulle fokusera våra ansträngningar på. En avgörande punkt kvarstod dock: att ge människor möjlighet att försörja sig själva. De pengar vi hade till vårt förfogande gjorde det möjligt för oss att ta oss igenom denna kritiska period.

Vi var unga och oerfarna, men Maurice principer var fast förankrade: ingen överflödig politik, ingen tom retorik, utan konkreta åtgärder med tydliga skyldigheter. För oss var det viktigt att ha en rättslig status för vår verksamhet. Vi skapade därför en officiell struktur för att hantera myndigheterna, Comité Israélite d'Action Sociale, som senare skulle tjäna som modell för COJASOR, Comité Juif d'Action Sociale et de Reconstruction.

Registreringen av vår förening hos prefekturen kastade oss in i virvelvinden av den tidens politiska strider. Prefekten Moyon, en socialist, hade ersatts av en kommunist. Virgile Barrel, å andra sidan, hade tagit över Nice stadshus med våld och spelade en nyckelroll för det lokala kommunistpartiet.

Trots FTP:s starka närvaro och de aktiva kommunisterna i Nice, som kunde hävda sig genom sin aktiva närvaro på plats, fanns det också UJRE, Union des Juifs pour la Résistance et l'Entraide, som gjorde anspråk på att företräda det judiska samfundet. Jag var tvungen att försvara vår sak i en minnesvärd konfrontation på prefekturen mot den kommunistiske advokaten Maître Jacques Lippmann. Även om hans vältalighet var imponerande segrade vårt uppdrag och vår vision med tiden, vilket gjorde det möjligt för oss att fortsätta vårt arbete i samhällets tjänst.

Under perioden efter befrielsen och slutet på hemlighetsmakeriet sökte den organisation som jag ledde inte någon dom eller rättfärdigade sig själv. Vi insisterade inte heller på att bli officiellt registrerade som en förening; vi fortsatte helt enkelt vår verksamhet som om ingenting hade hänt. Det var därför jag sa att karavanen passerar. Det som blev tydligt var att UJRE främst verkade vara intresserade av de ekonomiska resurser som vi hade fått. De hade hört talas om vår tilldelning från den regionala motståndskommittén och eftersom de hade ont om pengar lockade det dem.

När det gäller tanken att UJRE skulle kunna infiltrera vår organisation föreföll den mig osannolik, eftersom de flesta av de ungdomar som deltog var sionistiskt orienterade och inte hade några kommunistiska perspektiv. Vi hade också stöd av Maître Edmond

Montel, ordförande för Nice Bar, som blev hedersordförande för vår förening. Hans stöd hjälpte oss att fullfölja vårt uppdrag. Jag höll kontakten med Monte-Carlo för att säkerställa kontinuiteten i finansieringen medan vi väntade på att upprätta förbindelser med Joint eller andra organisationer som höll på att omorganiseras på nationell nivå.

Våra dagar ägnades inte bara åt förhandlingar; vi var huvudsakligen upptagna av praktiskt socialt arbete och svarade på många förfrågningar. Vi började sammanställa filer, skaffa nödvändig utrustning, skapa filer och dokumentation. På tal om detta skulle jag vilja illustrera med de namnlistor som vi hade under den underjordiska perioden, som jag sammanställde med hjälp av varannanveckasersättningar. Ni kan se antalet personer per familj och underskrifterna eller fingeravtrycken som intygar att pengarna har tagits emot. På en av listorna ser ni ordet "tagen" i stället för en underskrift, vilket tyder på att någon hade arresterats. Beloppen varierade, från 300 till 400 franc i genomsnitt vid den tiden, beroende på antalet personer per bidrag.

I september 1944 fick jag de första nyheterna om min familj. Mina föräldrar hade internerats i Schweiz och min syster Simone, som jag inte hade hört av på flera månader, hade stannat i Chambéry fram till befrielsen och sedan återvänt till Aix långt före dem. Hon tog hand om ett barnhem som rabbi Soal hade inrättat för att ta emot barn som gömts i regionen. Tyvärr återvände många av dessa barn aldrig till sina deporterade föräldrar. I slutet av september fick jag också ett brev från Henri Porriles, daterat den 4 september, där han berättade att han hade lyckats fly med Ernest efter att ha arresterats den 18 juli. Hans mor hade stannat kvar i Nice, där hon hade gömt sig.

Därefter kontaktade jag de parisiska organisationer som hade samlats i COJASOR för att förbereda bidragsansökningar, eftersom våra resurser från den hemliga perioden hade uttömts. Människor var mindre tillgängliga än tidigare eftersom de nu var inriktade på att återuppbygga sina egna liv efter motståndsrörelsen. Under ledning av Fink och Topiol blev COJASOR en viktig aktör i Paris. När det gäller Fink är jag inte säker på om han återvände till Nice, men jag vet att han hade hållit sig gömd och att han bosatte sig i Paris efter befrielsen.

Jag var också tvungen att betala lönerna för mina assistenter, som naturligtvis inte kunde fortsätta utan lön, och finansiera kontorskostnader som el och värme. Jag var alltså tvungen att fundera på hur jag skulle kunna ge ekonomiskt stöd till den infrastruktur som behövs för vårt sociala arbete under denna övergångsperiod. Yom Kippur-gudstjänsten genomfördes som planerat på Boulevard Dubouchage, som gradvis återfick sin vanliga livlighet. Bland de framträdande personerna fanns Dubinsky, den respekterade ordföranden för Dubouchage, och Rav Rubinstein, som senare skulle bli rabbi i Paris i stadsdelen Rue Pavée. Innan han lämnade regionen hade han tagit över ansvaret för Minyan Dubouchage.

En målare vid namn Berzon, som känns igen på sin traditionella mustasch, och hazan, Katz, var också välkända personer i samhället. Under denna period fanns det också en viss oro på grund av den amerikanska närvaron, med en blomstrande svart marknad för alkohol, cigaretter och konserver, som ni kanske kan föreställa er. Katz, hans fru och dotter Yeta, som senare anslöt sig till vårt team, hade arresterats strax före landstigningen i Provence. De var bland de 15 personer som släpptes när Gestapoagenterna flydde efter landstigningen. Det var den sista judiska arresteringen i Nice.

När det gäller livsmedelsförsörjningen var den fortfarande mycket begränsad trots att vitt bröd dök upp. De amerikanska soldaterna var en viktig källa till förnödenheter för oss. I Nice och dess omgivningar, som inte var särskilt jordbruksintensiva och ganska torra, var det svårt att få tag på förnödenheter, bortsett från några frukter och oliver. Och även produkter som ost kom huvudsakligen från Hautes-Alpes, som låg ganska långt bort. Transportnätet och bensinförsörjningen hade ännu inte återgått till det normala. Byggnaden på 15, avenue de la Victoire, hade förvandlats till en livlig plats för aktiviteter, där vi fortsatte att arbeta för att svara på nödsituationen och behoven i vårt samhälle i denna tid av återuppbyggnad.

Jag konfronterades med många incidenter med de människor vi hjälpte. Vi var snart tvungna att börja sortera bland dem, baserat på den information vi kunde samla in. Vi upptäckte att en del av de människor som kom till oss för att få hjälp faktiskt hade dolda medel. Antalet bråkiga incidenter och konfrontationer började öka. Ibland var jag tvungen att ingripa när människor började skrika på våra kontor, hotade att förstöra allt om vi inte gav dem pengar och förnekade alla anklagelser som riktades mot dem.

I vissa fall var vi tvungna att fatta godtyckliga beslut. Annars skulle vår fond snabbt ha blivit uttömd. Den här typen av fenomen var inget nytt, men när vi var under jorden hade vi inte samma kontrollmöjligheter. Vi var tvungna att förlita oss mycket på våra socialarbetares intuition och omdöme för att avgöra vem som verkligen behövde hjälp och vem som överdrev eller inte behövde det. Samtidigt återuppstod ett antal sociala tjänster. Consistoire omorganiserades, med nyckelpersoner som Théodore Kahn, fru Bader och herr Berland. Det var vid den här tiden som en lånefond skapades, tack vare Kowarskis initiativ, som beviljade hederslån, vilket gjorde det möjligt för många människor att återuppta sina yrkesliv.

Den första gemensamma verksamheten med COJASOR i Paris, som då fortfarande hette COJASOR, inleddes under den moraliska ledning som CRIF hade, framför allt en lånefond för att hjälpa människor i nöd att komma på fötter igen efter kriget. Det var en svår period av återuppbyggnad, då vi var tvungna att balansera omedelbar hjälp med behovet av att främja självständighet och ekonomisk återhämtning för de behövande. CRIF, Conseil Représentatif des Institutions Juives de France, är en representativ organisation som omorganiserades efter kriget. På initiativ av Berland beviljades hederslån, som i hög grad bidrog till att stödja återuppbyggnad och ömsesidigt bistånd i det judiska samfundet.

När jag återvände till Paris engagerade sig CRIF i ett antal projekt, bland annat som beskyddare av en vecka för judiska martyrbarn. Som en del av denna insats skickades kuponger till stöd för judiska martyrbarn till oss för att säljas. Jag fick kuponger värda 5 och 10 franc, vilket föreföll mig ganska löjligt; jag trodde inte att vi skulle kunna samla in en betydande summa med så små belopp. Så jag tog initiativ till att låta trycka upp kuponger värda upp till 10 000 franc i Nice, som vi började sälja. Vi hade viss framgång i detta företag, men det som var särskilt anmärkningsvärt var att vi fick utbildningsinspektionens samtycke till att dessa kuponger skulle säljas i alla skolor i departementet Alpes-Maritimes, naturligtvis för mindre belopp.

Kampanjen var inte bara ett sätt att samla in pengar, utan också att öka ungdomars medvetenhet om den senaste historien och om det lidande som judiska barn fick utstå under kriget. Det var en tid då solidaritet och utbildning om Förintelsen var centrala inslag i arbetet med att återuppbygga det judiska samfundet och det franska samhället som helhet. Vid den tiden stärktes våra ansträngningar att stödja de judiska barn som lidit martyrdöden av stödet från Virgile Barrel, borgmästaren i Nice, som gick med på att komma till lanseringen av vår kampanj. Denna händelse bevakades till och med av en lokal journalist, vilket bidrog till att höja profilen för vår aktion. Denna aktivitet krävde mycket energi, men den gjorde det också möjligt för oss att samla in en betydande summa pengar. Naturligtvis måste de insamlade medlen skickas till den nationella kommittén, eftersom vi inte hade direkt tillgång till dem. Den viktigaste aspekten var dock att göra den icke-judiska befolkningen medveten om tragedin med de martyrdödade judiska barnen.

Jag fick också ett särskilt tillstånd från Monacos kansli att sälja dessa kuponger i furstendömet. Detta var ett viktigt steg för att utvidga vår aktion bortom Nice och nå en ännu bredare publik. För att dela ut kupongerna uppmanade jag alla - alla och envar som var beredda att hjälpa oss. I skolorna organiserades försäljningen av kupongerna tack vare samarbetet med skolinspektionen. Det var ett ögonblick av solidaritet och engagemang, som visade på en gemensam önskan att återuppbygga och minnas, i kölvattnet av en av de mörkaste perioderna i vår historia.

Strax efter att jag kom ut ur mitt gömställe, när jag fortfarande var ung, började jag tänka på framtiden och diskutera de olika alternativ som stod öppna för mig. Eftersom jag är handlingskraftig och drivs av starka ideal blev naturligtvis tanken på att resa till Palestina en viktig ambition. Denna period präglades av intensiv reflektion och debatt inom vår grupp, och för att ge näring åt denna intellektuella och militanta sprudling gav vi ut en liten maskinskriven månadstidning under tre eller fyra månader, som vi kallade "Tekhelet-Lavan". I denna tidning publicerades ett antal uttalanden, ibland kritiska mot ledarna för det judiska samfundet på nationell nivå. Vi anklagade dem för att inte ha gjort tillräckligt för att hjälpa judar som gömde sig under kriget.

Jag minns att jag skrev ett öppet brev till Frankrikes dåvarande överrabbin, Isaïe Schwartz, där jag ganska direkt bad honom att göra plats för mer aktiva människor. Vi kände att det fanns ett behov av förnyelse inom samfundet, av nya och driftiga energier som kunde bryta med den etablerade rutinen och tillföra nya perspektiv.

När det gäller insamlingen av medel genom kuponger för judiska martyrbarn i skolorna, tack vare utbildningsinspektionens samtycke, har jag tyvärr inga exakta siffror att ge, eftersom jag inte har hittat något spår av detta belopp. Men denna insats för att öka medvetenheten kommer för mig att förbli ett viktigt ögonblick av återuppbyggnad och engagemang till förmån för det kollektiva minnet och rättvisa för de yngsta offren för Shoah. Mot den tragiska bakgrunden av nyheterna från deportationslägren, som gradvis nådde oss, insåg vi den verkliga omfattningen av katastrofen. De värsta farhågor vi hade föreställt oss visade sig vara långt mindre än den fruktansvärda sanningen. De deporterade började inte återvända förrän efter vapenstilleståndet, sommaren 1945, men vid det laget hade information filtrerats igenom.

Samtidigt blomstrade ungdomsrörelser som EI (Éclaireurs Israélites) och andra. Vi märkte snart en grym brist på undervisningsmaterial, och i synnerhet avsaknaden av en sångbok. Sånger är livsviktiga i ungdomsrörelser; de är hjärtat och själen i den kollektiva andan och kamratskapet. Många av oss kunde många sånger, men ingen kunde dem perfekt utantill och det fanns inga referensdokument.

Jag tog initiativ till att låta trycka en sångbok, med aktiv hjälp av Prosper Weil, som jag redan har nämnt. Naturligtvis trycktes häftet med latinska bokstäver. Vi började transkribera sångerna, med texten översatt till franska strax nedanför. Det dröjde inte länge förrän 500 exemplar av sångböckerna var tryckta. Det var ett viktigt symboliskt projekt, som spelade en avgörande roll för att bevara vårt kulturarv och föra vidare vårt samhälles värderingar till yngre generationer, i den kollektiva ansträngningen att återuppbygga efter kriget.

Jag hittade fakturan för de sångböcker som trycktes i tryckpressarna på tidningen "Le Patriote niçois", och dess utgåva hette "De l'Aurore". Beställningen hade gjorts av den sionistiska ungdomsrörelsen, för vilken vi hade tryckt 500 sångböcker. Med hjälp av mina beräkningar vid den tidpunkten hade jag kommit fram till att vi ville behålla 50 häften för ungdomsrörelserna, för ledarna, och att vi planerade att sälja de återstående 450. Jag räknade ut självkostnadspriset genom att dividera med 450. Fakturan är daterad den 22 december 1944.

Vi organiserade också en Hanukkah-fest det året, som visade sig bli en stor framgång. Vi hade turen att ha en grupp bröder och systrar, familjen Pomeranz, som var outtröttliga och begåvade på att organisera offentliga fester. De väckte Chanukka till liv på ett helt enastående sätt och gjorde det till en livlig och glädjefylld tillställning för många människor som hade levt gömda under kriget. Dessa initiativ var avgörande för att återuppliva vårt samhälle och gav välbehövliga stunder av tröst och delande efter de mörka tider som vi just hade genomlevt.

Hanukkah var den första möjligheten efter kriget att återknyta till den judiska traditionen. Det var en bekräftelse på vår identitet och en stund av tröst för oss alla. Jag fick också höra talas om en grupp flyktingar i Cuneo i Italien. Denna grupp hade lyckats lämna Frankrike med italienarna i tid och hade lyckats hålla sig kvar, vilket jag hade nämnt i tidigare diskussioner. Jag hade planerat att besöka dem, eftersom jag redan hade fått alla nödvändiga pass och tillstånd, men tyvärr stängde de militära myndigheterna gränsen och jag kunde inte ta mig till Cuneo.

Under vintern var vi tvungna att ta itu med många materiella problem. Jag skulle vilja hylla familjen Roux, icke-judiska vänner till Jeannette Ewselmann, som gav oss sitt stöd genom att vara proaktiva i det liberala Frankrikes sak och mycket stödjande gentemot judar. Deras stöd var ovärderligt. Jag skulle också vilja uttrycka min tacksamhet till familjen Katz, som välkomnade mig till sitt hem med extrem vänlighet. De fredagskvällar jag tillbringade med dem, i en atmosfär full av sång, förblir ett varmt och bestående minne.

När Jeannette Ewselmann återvände anslöt hon sig till vår grupp och bidrog också till våra sociala aktiviteter. När Pesach närmade sig bakades matzot hos en specialiserad bagare, herr Mrowka, en jude som ägde en kex- och matzotfabrik redan före den tyska ockupationen. Den enda svårigheten var att få tag på mjöl, som vi till slut lyckades skaffa åt honom.

Dessa judiska högtider var ett tillfälle att stärka vår känsla av tillhörighet och att fortsätta arbetet med att återuppbygga det judiska samhället efter krigets fruktansvärda prövningar. Vi kom då fram till Pesach 1945. Under denna period hade mina föräldrar återvänt från Schweiz och tagit över sin möblerade bostad i Aix-les-Bains. Det är viktigt att understryka vänligheten och vänskapen hos ägarna, herr och fru Blanc, som hade tagit väl hand om de tillhörigheter som mina föräldrar hade lämnat efter sig, med den diskretion som var nödvändig under ockupationen.

När det gäller min familjs återkomst till Strasbourg var den planerad, men fientligheterna under andra världskriget var ännu inte över vid den tidpunkten. Det hade varit en motoffensiv i Ardennerna, tyskarna hade korsat Rhen igen, och ingenting var ännu säkert om utgången av konflikten. Så vi bestämde oss för att organisera en gemensam Seder för Pesach, vilket krävde rigorös övervakning, särskilt från Rav Songalowski. Det var ett enormt åtagande: vi var tvungna att gömma ett helt kök i en stor restaurang i stadens centrum, och hela vårt team arbetade hårt för att göra evenemanget till en framgång.

När det gäller antalet judar som fanns kvar i Nice vid den tiden är det svårt för mig att ge ens en ungefärlig siffra. Under ockupationen fanns det uppskattningar på omkring 30 000 judar i regionen, men enligt min mening är denna siffra något överdriven. Jag skulle säga att det snarare var 20.000. Och jag tror till och med att ett stort antal har lämnat regionen sedan dess.

Vi trodde att flera tusen judar hade arresterats i Nice och Alpes-Maritimes, men enligt dokument som upprättades senare var det i själva verket färre än tusen som arresterades och passerade genom Excelsiorlägret i Nice. Det är möjligt att vissa personer deporterades direkt utan att passera Excelsior, i vilket fall de inte ingår i denna statistik, men siffran var mycket lägre än vad omfattningen av razziorna skulle ha kunnat antyda. Naturligtvis är även en enda gripen för många, och våra tankar går till var och en av dem som drabbades.

Pesach Seder var en stor framgång, även om de närvarande var otåliga, i en sådan brådska att "komma ut ur Egypten" och äta dumplings. Det är en mycket mänsklig reaktion, men de flesta av deltagarna uttryckte sin tillfredsställelse. Jeannette Ewselman spelade en avgörande roll för att organisera sedern, och vi kunde fira dess framgång med en promenad i vårdagjämningen i Nice, vilket markerade början på vårt engagemang.

Jag skulle vilja återkomma till en händelse som inte inträffade i Nice men som är värd att nämna. Före befrielsen reste jag till Marseille, under perioden för de amerikanska bombräderna. Ärligt talat minns jag inte den exakta anledningen till mitt besök, men jag fick rådet att kontakta två alsaciska familjer där. Av de fyra personerna visade det sig att det bara fanns en jude.

André Weingarten bodde hos paret Merius; fru Merius och hennes syster Hélène, som var Andrés fästmö. Han och herr Merius hade fått arbete i organisationen Todt, vilket gjorde att de kunde klara sig under tiden som gömda. De angavs dock av grannar som anklagade dem för att hjälpa tyskarna. Till följd av detta arresterades de alla. Merius och Hélène släpptes senare, men Merius dog efter frigivningen, medan André Weingarten hölls kvar i häkte, där han torterades och dog i fängelset.

Så småningom fick jag veta att bakom denna tragedi låg Anne-Marie Kielitschi, en dubbelagent som arbetade i Nice i september 1943 och var vän med en poliskommissarie i Marseille. Det var hon som orsakade förlusten av André Weingarten, som var helt oskyldig. Det arbete han utförde för Todt-organisationen var rent manuellt, som handläggare och lastbilschaufför.

Kapitel 13

Tillbaka till Strasbourg

Strasbourg befriades den 23 november 1944. Mina föräldrar och jag var naturligtvis angelägna om att åka tillbaka och se vad som fanns kvar av vår lägenhet på rue du Général Gouraud och våra affärer. I början av maj uppstod en möjlighet: en flykting från Colmar, herr Kahn, hade en bil, en liten Rosengart. Vi kom överens om att han inte kunde köra bil, så jag skulle ta honom med bil till Colmar och sedan åka till Strasbourg för att kontrollera hur det stod till med vår egendom. Efteråt skulle jag komma tillbaka och hämta honom för återresan, eftersom han också hade en klädaffär i Colmar som han ville kolla upp.

För övrigt hämtade vi min far i Aix-les-Bains så att vi alla kunde åka till Strasbourg tillsammans. Jag ska inte uppehålla mig vid de tekniska incidenterna, som däck och hjul, som avsevärt förlängde vår resa genom Alperna. Efter en övernattning i Digne kom vi till slut fram till Aix-les-Bains, hämtade min far och fortsatte till Colmar och Strasbourg.

Vi var medvetna om att det amerikanska bombardemanget hade skadat Strasbourg svårt, och att många bomber förstörde nästan 3 000 hus och därmed omkring 12 000 lägenheter i september 1944, två månader innan staden befriades. Vår lägenhet på rue du Général Gouraud var ockuperad av amerikanska G.I.s som verkade ha firat med ett antal flaskor konjak. Bombningarna hade bara lämnat väggarna i lägenheten intakta, allt trävirke hade rivits ut av invånarna för att hålla värmen under vintern i avsaknad av kol.

Butiken i Grand-Rue hade ockuperats av en plundrare vars egen butik hade förstörts av bombningarna, men han hade i alla fall tagit vår butik i besittning. Det var en svår återkomst till Strasbourg, präglad av sorg, maktlöshet och melankoli. Tisdagen den 8 maj, medan vi befann oss i Strasbourg, utropades vapenstilleståndet, vilket markerade slutet på fientligheterna mellan de allierade, Sovjetunionen och Tyskland. Samtidigt som slutet på mardrömmen utlovade en era av fred, dämpades glädjen av oron för vad som skulle upptäckas om de deporterade när de återvände, i vilket skick de skulle hittas?

Mina kusiner Max och Paul var fångar, medan den tredje, René, hade lyckats bli repatrierad. På onsdagskvällen den 9 maj befann vi oss på ett kafé på rue du Jeu des Enfants, där återvändande flyktingar träffades för att utbyta information. Det var en känslosam plats, där människor som mer eller mindre kände varandra delade med sig av sina berättelser och sökte tröst hos varandra efter de svårigheter de hade genomlidit.

Det var faktiskt främst judar som träffades på detta kafé för att utbyta nyheter. Vid detta möte hittade min kusin Paul, som hade repatrierats till Paris dagen innan och just hade anlänt till Strasbourg, mig. Det var en otroligt rörande återförening. Jag hade inte sett honom sedan hans mors begravning i snön i början av januari 1940. Han var i god form, han hade arbetat för bönder i Österrike och var därför i god fysisk kondition. Hans bror Max återvände några dagar senare, men jag var redan på väg hem.

Jag körde Monsieur Kahn tillbaka till Colmar, släppte av min far i Aix-les-Bains där vi stannade till, och tog min syster Simone till Nice för att tillbringa några dagar. Detta skulle också vara ett tillfälle för henne att lära känna Jeannette. Mina föräldrar återvände till Strasbourg i juli.

Det var också ungefär vid den här tiden som min åldersgrupp kallades in till militärtjänstgöring. Jag hoppades att vi skulle bli bortglömda. Jag hade ett demobiliseringskort, men det var inte utställt i mitt namn. Det som hände sedan var att vår åldersgrupp, som bara hade fullgjort några månaders militärtjänst - som egentligen inte var militärtjänst, eftersom vi ingick i ungdomsarbetslägren - återkallades för att tjänstgöra i enheter som ansvarade för bevakningen av axelmakternas krigsfångar. Jag lyckades slutligen göra anspråk på min titel som löjtnant i motståndsrörelsen, vilket accepterades, åtminstone för ett tag. I slutändan lyckades jag behålla min rang som kadett, vilket gav mig en befälsställning i stället för att bara vara soldat.

Efter att ha kallats till Marseille för att ansluta mig till de väpnade styrkorna kunde jag faktiskt få ett brev från ordföranden för Alpes-Maritimes sociala välfärdstjänst, iscensatt av min ställföreträdare i Nice, Jacques Inouefeld. I brevet betonades att jag spelade en absolut avgörande roll i Nice för att Comité Israélite d'Action Sociale skulle fungera väl, och att mitt arbete föll inom det väsentliga ansvarsområdet för regionens sociala välfärdstjänster. Till följd av detta ombads jag att förflyttas till det 445:e vaktkompaniet för axelmakternas fångar - en förflyttning som skulle göra det möjligt för mig att utföra mina viktiga uppgifter för samhället utanför tjänstetid.

När jag kom till Nice kände jag mig snabbt värdelös och tänkte att andra kunde ta över bevakningen av axelmakternas fångar. Jag fejkade en sjukdom och blev inlagd på Mont Boron-sjukhuset. Läkaren verkade inte särskilt nyfiken och efter besöken smet jag iväg för att gå till kontoret. Jag var dock tvungen att återvända för natten på grund av kvällssamtalet. Trots allt lyckades jag göra det mesta av arbetet på kontoret.

När de deporterade återvände började en period och en verklighet av obeskrivlig skräck. Vi visste att många av de deporterade aldrig skulle återvända. Vi fruktade att de flesta inte skulle återvända, men vi var långt ifrån att föreställa oss den verkliga omfattningen av skräcken i de nazistiska koncentrations- och förintelselägren, gaskamrarna, krematorierna, tortyren, det omätliga lidandet innan de utplånades. De få överlevande deporterade som återvände chockade oss fullständigt. Deras berättelser traumatiserade oss på ett så djupgående sätt att det är svårt att beskriva.

Inför dessa överlevare kände vi oss helt maktlösa inför deras eget trauma. Det fanns en gapande klyfta mellan oss, en avgrund som skapats av den skräck och det lidande som de hade fått utstå. Och trots den materiella hjälp vi kunde erbjuda - om än otillräcklig - var det omöjligt att överbrygga denna klyfta, detta enorma avstånd som formades av upplevelser som bara de som verkligen hade upplevt dem kunde förstå. Det var en verklighet som vi var tvungna att inse, med vetskapen om att vi aldrig helt skulle kunna lindra smärtan eller förstå omfattningen av de förluster som drabbade dem som hade återvänt från lägrens helvete.

Jag är verkligen ledsen, men jag kan inte ge en exakt siffra på antalet deporterade som anlände till Nice. Jag kommer inte ihåg om det var 20, 30 eller 15, dessa detaljer undflyr mig nu. När det gäller deras vittnesmål hade människor mycket svårt att prata. Deras upplevelser var så smärtsamma och traumatiska att det ofta var oöverstigligt att hitta ord för att beskriva dem. Myndigheterna inrättade en struktur, COSOR, särskilt för att hjälpa återvändare, av vilka många var motståndsmän. Överlevnads- och återvändandefrekvensen för deporterade motståndsmän var högre än för deporterade judar. Det är viktigt att påpeka att detta är proportioner och inte absoluta siffror. Det fanns också tvångsarbetare som återvände hem efter kriget. Alla dessa återvändanden krävde ingripanden från myndigheterna, och COSOR gjorde ett anmärkningsvärt arbete på detta område.

Den största svårigheten var dock att konfrontera de återvändandes erfarenhet, en erfarenhet som ofta var okommunicerbar och outhärdlig för dem att bära. Många återvände utan sina familjer, sina barn eller sina föräldrar, och varje fall representerade en fruktansvärd och unik tragedi. Jag skulle nu vilja lägga fram några dokument. Ett av dem är mitt kort från Forces Françaises de l'Intérieur, som naturligtvis utfärdades efter befrielsen. På detta kort kan ni se att hon var ansluten till FTP-gruppen med René Cantat Logan Martin och Jean-Marie. Det är en kvarleva av mitt engagemang under dessa mörka år, ett engagemang som kostade oss dyrt men som också inspirerade oss till en enorm vilja till motstånd och befrielse.

Under den hemliga perioden hade vi etablerat kontakter med FTP (Francs-Tireurs et Partisans), och vi fortsatte att samarbeta med dem under motståndsrörelsen. Detta kort är kopplat till min verksamhet för Tchadacheni, ett åtagande som jag kommer att förklara i detalj senare, men ni kan redan se att det finns en text på ryska och de allierades flaggor samt den ryska flaggan. På detta kort finns faktiskt min roll som chef för motståndsrörelsens sociala tjänst och laboratorium. Denna avdelning ansvarade för att tillhandahålla identitetshandlingar, livsmedel och underrättelser. Även om vi militärt var en integrerad del av FTP, upprätthöll vi också förbindelser med andra motståndsgrupper. Vårt främsta bidrag var att tillverka och distribuera falska papper, medan de försåg oss med de vapen vi behövde på befrielsedagen.

Josée var den äldsta i vår grupp av socialarbetare. Hennes exakta ålder var okänd för mig, hon höll den hemlig, men hon var förmodligen mellan 45 och 50 år. Jacqueline Cotillard, Mika Niagouche och jag var alla yngre. Mika Niagouche, med tyskt ursprung, var oerhört kompetent och engagerad i sitt arbete. Bilden av vårt team är bara en bråkdel representativ; flera medarbetare saknades. Tiden kom då jag var tvungen att lämna över ledarskapet för kommittén till Jacques-Henri Feil. Våra förbindelser med Paris var nu etablerade och vi kunde räkna med att det fanns budgetmedel för hjälp och löner. I november återvände jag till Strasbourg för att återuppbygga familjeföretaget. Min far hade sagt till mig att han utan min hjälp inte skulle ha styrkan att börja om på egen hand, och att om jag inte återvände skulle allt han hade byggt upp gå förlorat.

Aliyah skulle få vänta ungefär ett kvarts sekel. Jeannette begav sig också till Strasbourg, där hon skulle bo hos sin farbror Lucien Cronbach och hans familj. Vårt bröllop planerades till våren 1946, så snart vi kunde hitta någonstans att bo, en komplicerad uppgift med tanke på den omfattande förstörelsen i staden. Det var en tid av återuppbyggnad och stora förändringar, inte bara för mig personligen, utan också för det judiska samfundet och för landet som helhet, som höll på att återhämta sig från spillrorna av detta förödande krig.

Den materiella förstörelsen kunde inte jämföras med de mänskliga tragedier som Shoah orsakade: sorgen hos de deporterade som aldrig skulle återvända, det outplånliga lidande som etsat sig fast i hjärtat hos dem som överlevde. Vi sörjer alla de kamrater som förlorade sina liv i kampen vid vår sida, som banade väg och gav exempel på mod och motstånd. Vid den tiden var vår högsta önskan att vara värdiga deras uppoffringar och att aldrig glömma deras kamp. Det var en princip som vi försökte förkroppsliga i våra handlingar och vårt dagliga liv.

När jag ser tillbaka på den perioden och krigsåren i dag är det svårt för mig att dra några lärdomar eller döma ut dessa fruktansvärda år. Ni ber mig att genomföra en studie som är både psykologisk och historisk, vilket är en svår uppgift. Vad som är säkert är att denna period hade en djupgående inverkan på oss alla. För min del genomlevde jag en intensiv och ofta prövande erfarenhet, men jag kan inte säga att den var förgäves.

Dessa erfarenheter, även om de är fyllda av smärta, har format vem jag är och har påverkat mitt liv. De är ankare i mitt minne, ständiga påminnelser om de mörkaste realiteterna i vår historia, men också bevis på den mänskliga andens motståndskraft och förmåga att söka ljuset även i det tätaste mörkret.

Det går inte att förneka att vi skulle ha föredragit att slippa krigets prövningar, men de lämnade en outplånlig prägel på oss. För min egen del kom jag ur den perioden förändrad, med ett helt annat perspektiv än det jag hade före konflikten. Min redogörelse för perioden mellan september 1939 och november 1945 är till stor del ofullständig, och jag är väl medveten om att jag inte kunde fånga intensiteten under dessa år, som präglades av dagliga dramer, misstag, prövningar och misstag, stunder av förtvivlan och flyktiga segrar.

Vår djupaste tacksamhet måste uttryckas till våra lojala icke-judiska vänner, vars hjälp och engagemang har varit avgörande för vårt arbete och vår överlevnad.

När det gäller frågan om vikten och betydelsen av min verksamhet under kriget är det sant att jag hade möjlighet att göra viktiga saker som att rädda liv och ge avgörande hjälp utan vilken vissa människor inte skulle ha överlevt. Övergången till vardagliga rutiner efter en sådan traumatisk och avgörande period kan vara svår för vissa, men personligen tror jag inte att jag drabbades av alltför mycket chock eller besvikelse. Jag tror att jag lyckades gå från en fas till en annan relativt naturligt, även om de utmaningar jag ställdes inför efter kriget var av en helt annan karaktär än de under motståndsrörelsen.

Det var absolut nödvändigt att återuppbygga efter kriget, och detta gjordes under bästa möjliga förhållanden, trots de oundvikliga misstag som alla kan göra. Jag fortsatte sedan med att leda KRN-KMH i Strasbourg i 25 år, en roll som jag ägnade enormt mycket tid och kraft åt, till förmån för samhället.

Den 19 maj 1946 tilldelade Forces Françaises de l'Intérieur mig motståndsmedaljen.

Den var en stor källa till stolthet för mig i 20 år. Men efter general de Gaulles ställningstagande i november 1967 efter sexdagarskriget fann jag det nödvändigt att återlämna utmärkelsen till honom. Jag uttryckte min oförmåga att behålla en ära som kom från någon som hade svikit det förtroende som en liten stat som Israel hade gett honom. Jag drog parallellen att precis som Frankrike hade förrått Tjeckoslovakien tidigare, hade det just förrått Israel. Dekorationen hade ingen plats i mitt sinne, särskilt inte efter generalens uttalanden om det "livliga, stolta och dominerande folket".

Jag är glad att kunna avsluta detta samtal och tackar dig för att du har läst. Jag hoppas innerligt att denna inspelning kommer att vara till nytta, både för min familj och för forskare som kan vara intresserade av att konsultera den i framtiden.

Det är en önskan som jag uttrycker helhjärtat.

www.ingramcontent.com/pod-product-compliance
Lightning Source LLC
Chambersburg PA
CBHW051856130726
47987CB00002B/858